Rail Noir • 4

Faut pas faire de faux pas

(Sur les rails tu dérailles)

RAIL NOIR • 4

Faut pas faire de faux pas

Maquette Harri Peccinotti

11 rue de Milan - 75440 PARIS CEDEX 09

ISBN 2-915034-08-7

Renato Corona

Faut pas faire de faux pas

(Sur les rails tu déraillles)

La vie du Rail

DU MEME AUTEUR

"Les pitres de la langue" - Anthologie poétique
EDITIONS ANDREA LIPPOLIS, 1996

"Pas la douleur, Monsieur Hopper" - Collection Pandora
EDITIONS L'ENTRETOISE, 2002

"Sables émouvants" - EDITION DUTY-ROUARD, 1998

"L'Arracheur dedans" - EDITIONS DUTY-ROUARD, 1998

"Le poids des mauxde Narcisse Lotreur" - EDITIONS DUTY-ROUARD, 2003

À Charles Baudelaire,
pour les longues soirées d'hiver et les vers en italique
À Chattanooga où qu'elle soit
À Nella qui est là
À Sylvie et à Jacky qui ne sont pas loin d'ici

On vous veut moyen, de la taille ordinaire. On vous fait avec peu d'étoffe. Et après l'on vous donne des malheurs qui ne vous vont pas, qui sont un peu grands. Alors quoi ?

(H. CALET)

Les trains voyagent pour l'éternité / A la gare, ils n'arrivent jamais / Parce que s'ils y arrivaient / s'ils s'y arrêtaient / ça serait la gare qui partirait.

(E. CALZAVARA)

Chapitre un

Comme un nuage éteint le paysage, l'homme comprend
que, pour lui, décidément, ce train ne va nulle part.
M. COHEN

Le froid me piqua les yeux et me réveilla. Appuyé contre la vitre pluvieuse, les jambes engourdies, légèrement pliées pour ne pas trop déranger, mon regard encore endormi se posa au-dehors et, alors que le train ralentissait, je la vis. Arrêtée au passage à niveau, la femme la plus belle du monde attendait, une petite valise à la main, que le train passe.

Le monde parut alors s'arrêter et moi avec, afin de mieux la contempler. Ma main, à un pas de son visage, ne put qu'effleurer le gris de la vitre sale.

Pourtant, tandis que la locomotive retrouvait son rythme habituel, je me détachai de cette apparition sublime car cette petite phrase, que le train passe, éveilla en moi des choses enfouies, des sensations, de la nostalgie, peut-être, tout simplement, une jeunesse. Des voyages, des visages et même des gosses, quelques jours avant les vacances de Noël. Ceux qui iraient aux sports d'hiver, ceux qui ne pouvaient pas, pas les plus cons, quoique... En général, les plus pauvres. Ils restaient collés le nez contre la vitrine de ce magasin de jouets et ils regardaient en bavant comme des petits gorets, le train électrique qu'on ne leur achèterait pas, qui tournait, tournait, n'arrêtait pas de tourner en rond, passant sous le tunnel, soufflant en grimpant la petite pente, changeant de direction et les visages souriants à l'intérieur près des vitres, des visages de gens heureux qui iraient peut-être aux sports d'hiver, un chef de gare avec un gros sifflet et un petit drapeau rouge, qui tournait, tournait...

Le train. Mauvais goût dans la bouche, le sommeil qui venait et qui ne venait pas. La musique monotone des rails. Mon visage dans la vitre, les cheveux un peu trop longs, il faudrait que je me décide… Petit garçon, après le coiffeur, maman, pour me consoler de la perte de mes belles mèches, m'offrait toujours un verre de grenadine dans un bar près de la Marne. Je n'aimais pas aller chez le coiffeur, je détestais le verbe couper, enlever, priver, élaguer, tailler, trancher… Tout ça me faisait penser à un manque, à une perte définitive, mais je m'y soumettais pour ce verre de grenadine délicieux, qui me faisait oublier tout mon chagrin…

Les souvenirs. Images floues.

Le train. Le jour. Un tunnel. Long comme la nuit.

Le jour. Dans le train longeant la mer… le regard fixe devant la plénitude de la mer… L'histoire d'une mésaventure. L'histoire d'une âme qui chaque matin se coupe en se rasant, une lame sur une âme pour une dame à venir.

Le regard fixe devant la plénitude de la mer. Elle ne se lasse jamais, celle-là, avec tous ses mythes intériorisés. Et doucement, parfois violemment, elle ne cesse de se promener. Elle fait les cent pas.

Encore un rêve. Un bruit de pas, allers-retours, sans but. Des rêves, dans ce train, à foison. Mais depuis longtemps, il n'y avait plus de rendez-vous imprévus, ni de dîners à la bougie, ni de champagne débouché, ni de bouquets de fleurs offerts. Rien de tout cela. Rien.

Juste la vision de cette femme au passage à niveau qui m'avait bouleversé. La mer, face à cette beauté, pour un instant, avait disparu. Dans ma solitude ferroviaire et mon silence de voyageur, je refermai les yeux éblouis par tant de bonheur fugace, une seconde… Ah ! donnez-moi donc une presqu'Elle avec des rondeurs incommensurables afin que je puisse m'y promener avant de mourir…

La camarde quand ça vient, c'est pour toujours, même s'il y a des gens qui soutiennent le contraire, des curés, des pythagoriciens, d'autres encore. Moi je veux bien, mais les moineaux qui crèvent la faim…

Alors, avant l'instant fatal, une Elle ou un vrai voyage. Avec un roman acheté dans une gare.

C'était donc un voyage qui avait eu la préférence. Parfois, on ne choisit pas vraiment. Là, le front contre la vitre, je me suis aperçu que ça me reprenait ; dès que je me mettais à penser à des choses simples, un train qui passe, mon esprit s'envolait et je commençais à divaguer. C'est Max Jacob, a écrit Cingria, qui disait que toute conversation vit de parenthèses…

Un toubib m'avait même suggéré que, d'être trop seul, provoquait ce genre de trucs, un autre m'avait questionné sur mon enfance, papa maman la bonne et moi… Des médecins, j'en avais vus de toutes les couleurs, de toutes les nationalités, j'ai quand même pas mal voyagé, en train, dans ma tête, bien sûr, et quelquefois en voiture avec Marie. Mais ça, c'était Autrefois, un pays très loin, près de Jadis et de Naguère, en grande province, dans la Moindre inférieure, une amène région souriante et verte et calme, au sein même de l'Intérieur qui n'appartenait pas au ministre du même nom, mais qui n'était rien qu'à moi, personne ne pouvait me l'enlever, ma contrée, ma carte du tendre, ma richesse. Et j'étais le prince de ce royaume même si pas mal de toubibs en blanc avaient essayé de m'en priver ; j'ai su, malgré tout, en conserver les clefs…

Oh ! mais attention, je n'étais pas fou, c'était juste ma vie qui déraillait un peu ; le côté caricatural de cette existence passée à voyager dans les trains qui transitaient dans ma tête, le dérèglement de tous les sens en quelque sorte, de tous les aiguillages, allant dans toutes les directions, un grand panneau électronique avec plein de lumières qui s'allument et s'éteignent de tous les côtés… Mon père, que je n'ai pas connu, était, paraît-il, contrôleur. Dès ma plus jeune enfance, je n'ai pensé qu'à cela, monter dans un train pour le retrouver. En fait, ma mère, quand elle était un peu triste et qu'elle avait bu un verre de trop, aimait se fabriquer un passé sérieux avec un vrai monsieur sérieux, un contrôleur, c'est important, ça doit contrôler les billets et vérifier si on les a bien compostés. Et moi, petit mouflet ébahi, de l'écouter raconter des voyages sur la lune, psalmodiant une mélopée magique, Guingamp, Siracusa, Haroué, Gravelines, Issoudun, Luxeuil-les-Bains, Cahors, Divonne-les-Bains, Guérande, Gisors, Hérisson, Vouvant… enfin, plein de noms comme ça, de chez nous et un étranger, des sonorités qui me faisaient rêver, côté berceuse, ce chapelet quotidien de gares à venir, où mon brave papa avec sa casquette sur la tête et sa pince à poinçonner dévalait les couloirs et pénétrait royalement, à pas de loup, dans tous les compartiments, même en première classe, et demandait d'un air franc et fier, msieurs dames vos billetsilvouplaît ! Et ça ne leur plaisait pas toujours, à ces salauds-là, disait maman, surtout ceux de première, mais ils devaient obéissance à leur monarque, et hop ! le billet sorti était immédiatement poinçonné, et elle ajoutait, mystérieusement, en chuchotant : ipso facto, troué ! Ils en tiraient une sale gueule, les voyageurs de l'impériale, face à ton papa, personne n'osait renifler…

J'avais quand même grandi puisque maman c'était du jadis,

maman et même avant elle, c'était du jadis ; après, il y avait eu Marie, avant que j'aille à Issoudun et dans toutes ces villes, avant que je rentre et sorte de tous ces établissements ; ils avaient dit que ce n'était pas ma faute, mais moi, je savais bien que, si Marie s'était accrochée au bout d'une corde, c'était pour ce que je lui avais murmuré avec tant de passion le soir d'avant. Pour maman, morte pas vraiment comme ça, elle, elle était tombée à l'eau, comme un personnage de Maupassant — j'avais fait des études et de grosses études, puisque je voulais devenir écrivain, du temps de Naguère — là aussi, ils avaient eu beau discourir, les docteurs, maman n'était pas tombée pour rien, gratis, à la flotte. Bien sûr, elle avait bu, elle buvait de plus en plus les derniers temps, enfin, les temps du Jadis, mais si elle avait glissé à la flotte, en vadrouille dans l'eau, c'était pour ce que je lui avais bredouillé sentimentalement le soir d'avant. Marie, maman, deux, ça m'avait fait mal ; deux, ça fait toujours mal, deux, c'est un couple déjà, un couple avec tout ce que ça comporte, des hauts et des bas, mais au-dessus de deux, c'est une foule…

Et puis, il y avait eu également Frédo, mon copain de lèche-vitrine ferroviaire et de courses folles dans les ruelles de notre enfance, à Autrefois, qui s'était paumé par la suite dans des trucs à piqûres et des machins à pastilles-vibrations, sauté en l'air lui aussi, mais la dose de sa saloperie quotidienne, c'était moi qui la lui avais offerte, le jour d'avant que ça arrive et, pour conclure… Max, mon gros chien, un bâtard sans queue entiché de moi et de mes caresses, qui n'arrêtait pas de me suivre partout, une ombre, l'ombre bienfaisante de mes pas, avant qu'un saligaud ne l'écrase ; c'était parce que, le jour d'avant cette promenade, où le premier con pressé l'avait emporté sous ses roues au paradis des chiens et des chats et des petits oiseaux, je lui avais dit quelque chose, je lui avais chuchoté deux putains de mots appris dans les livres, pas à la télé, non, dans les livres, parce que la télé j'aime pas vraiment, je préfère les livres, c'est plus long, je veux dire le plaisir, et plus profond, le contenu.

Donc, Frédo, Marie, maman et Max, ça faisait quatre. Quatre morts sur la conscience, alors j'ai flanché, c'était normal, enfin pas vraiment, façon de dire, ça serait plutôt anormal même, j'ai déconnecté, mais des voisins et des voisines, et pas cousins-cousines pour un sou, ont dit que ça faisait déjà belle lurette que ça n'allait pas vraiment dans ma tête, racontars de gens qui ne regardent que la télé. D'accord, je passais des heures à parler avec les poissons rouges du bassin au fin fond du square, mais je les trouvais gentils, les poissons, ils ne gênaient personne avec des problèmes de carrière et d'argent, ils ne pensaient qu'à tourner en rond, comme les trains, peut-être rêvaient-ils à la mer.

Enfin, j'étais là, le nez contre la vitre, tandis que le train ralentissait, à me réveiller doucement, à me débarbouiller de tous ces rêves, quand je l'avais vue au passage à niveau, la femme la plus belle que j'eusse rencontrée. Et dès que nos deux regards se croisèrent, les vers de mon maître Baudelaire me vinrent immédiatement à l'esprit… *Ô toi que j'eusse aimée ô toi qui le savais.*

Je ne risquais rien, et elle non plus, ce n'était qu'une passante qui ne faisait que traverser mon existence. Un instant fugitif qui, bientôt, disparaîtrait au fin fond de ma mémoire. Présent qui s'habillerait comme d'habitude en Autrefois. Trois petits tours et puis s'en va.

Chapitre deux

On m'avait arrêté un mercredi de pluie parce que je pleurais. J'aurais pu passer inaperçu au milieu de toutes ces flaques et ces gouttes et la foule inquiète ne se serait inquiétée que du strict nécessaire pour finalement faire ce qu'elle savait mieux faire, c'est-à-dire se résigner. On n'est pas foule pour des prunes, on naît comme cela. Mais, heureusement, quelqu'un m'avait dénoncé. La délation n'étant jamais quelque chose de très joli à voir, je ne l'avais pas vue. Il y avait des choses qu'on n'avait pas le droit de faire en public. Pleurer par exemple, cela faisait mauvais genre. Les saints délateurs protégeant l'ordre naturel des choses avaient mauvaise haleine, mais, si la dignité humaine n'était pas tout à fait piétinée, c'était à eux que l'on devait cela. A eux et à certains de nos chers jurisconsultes. Et aux censeurs. Censeur n'est pas un mot très joli, mais il rime élégamment avec délateur. Avec coiffeur et docteur, avec auteur aussi, il est vrai, mais enfin, le monde n'est pas parfait.

Etant donné mes précédents, larmes sur voirie, et momentanément au chômage, j'avais fait ma demande de mise en demeure, je voulais payer ma dette à la société le plus rapidement possible et puis me faire oublier. Dans un de ces établissements sanitaires dans lequel un juge-médecin honnête et partial m'avait placé et où mes pas hésitants et confus m'avaient conduit, je fus mis au piquet ; hué quotidiennement par une bande de loufiats en blanc et à la piqûre facile, je passais mon temps à traverser mon époque, et mes délires, sous des fourches caudines dialectiquement efficaces en ce qui concernait les injures, ajoutées aux quolibets de mes compagnons de déroute qui ne voyaient en moi qu'une espèce de fantaisiste peu fiable.

Après plusieurs semaines de garde-à-vous et à vue, marqué par l'empreinte de la honte, j'avais défié les autorités dans un test psychologique préparé par une matrone aux seins puissants et au souffle déroutant, qui me signifia de prendre un siège, assis nah ! et d'observer sur toute chose la loi que l'on vous impose !

A la question numéro dix : que pensez-vous des pleurs ? j'avais ricané bêtement et répondu, tout en toisant le regard satisfait de la pimbêche, que c'était là question de filles de jadis ; que, si j'avais cédé naguère à ce genre de bêtise par une pure distraction émotive, désormais, trempé et tempéré par cet agréable lieu de bain pénal, dorénavant peinard, conscient des dangers encourus, je ne me laisserais plus tenter aussi facilement par cette pisse émotionnelle dans les allées, pis-aller des aléas, forgé que j'avais été par ce séjour forcé, mais nécessaire pour le bien être de la collectivité.

Tout en répétant peinard, devant les seins satisfaits de la princesse investigatrice dodelinant de la tronche, je m'étais rendu compte que, dans ce mot familier que je ne cessais d'ânonner, se cachait l'autre mot si poétique *peine* et que, si je ne faisais pas attention, je risquais, à nouveau, d'éclater en sanglots. Je tins bon cependant et, en guise de conclusion, l'auguste moukère avait posé son paraphe sous le paragraphe concernant ma liberté que j'avais recouvrée, finalement, une fois dans la rue.

J'en étais là. A plus de trente ans, responsable de la mort de quatre personnes — le chien Max étant considéré comme genre humain — et d'un manuscrit assidûment refusé. Les docteurs avaient fait tout leur possible pour que l'écrivain qui, perversement, se cachait en moi, disparût une fois pour toutes. Les médicaments m'avaient couillonné le système nerveux et apaisé *via vaglium* l'existence, les colloques avec les psys avaient été très utiles. Avec une psy en particulier. Il ne me restait plus qu'à partir en vacances. A la mer.

Avec Frédo et Marie, on en avait souvent parlé de cette mer, sauf que, lorsque je l'ai finalement rencontrée, la mer, j'étais seul, terriblement seul. Et elle était belle, cette mer, un peu comme me l'avaient décrite les poissons du bassin, mais plus grande que celle imaginée avec eux et avec tous les bouquins que j'avais lus, à la bibliothèque, derrière le square.

Il fallait du génie pour parler de la mer, seuls les vrais écrivains savaient la raconter avec leurs mots magiques, tandis que moi, devant ce bleu immense, je n'avais plus su quoi dire.

En plus, j'étais à l'étranger, dans un pays où les vocales sont chantantes, Siracusa bien sûr. A la recherche de mon père, le contrôleur, car, une fois sorti de la clinique, j'avais décidé d'aller à la recherche de ce personnage mythique.

Une chose m'avait mis la puce à l'oreille. Si maman avait cité parmi tous les noms de villes, villages et autres, le nom d'une ville étrangère, elle devait avoir peut-être ses raisons, le cœur avait ses raisons que son foie ne voyait pas. Je disposais, dieu sait comment bougonnaient les voisins-voisines, d'un petit pactole, suite aux différentes professions que j'avais exercées au cours des années passées. Somme dérisoire mais, vivant seul, surtout après la mort de Marie, je n'avais pas de grosses dépenses. Messieurs les curés, messieurs les notables, messieurs les professeurs, messieurs les patrons, messieurs les médecins, s'étaient toujours occupés de moi, il fallait bien commencer à me débrouiller tout seul.

J'avais donc mis mon manuscrit refusé à la poubelle d'un tiroir, en le refermant à double tour de clé et j'étais parti sans claquer la porte vers, je l'espérais, des aubes nouvelles.

J'emportais une petite valise et un appareil photo. Et, dans mon cœur, les photos immortelles de Fred, de Max, de maman et de Marie. Un jadis, un naguère, un autrefois et un passé récent. Ils avaient beau, les toubibs, me ressasser les oreilles avec leurs refrains de non-culpabilité, comme toutes les maladies de l'enfance, il en restait des écorchures et quelques miettes…

A Syracuse, c'était Archimède qui m'était revenu à l'esprit, c'était une trace de Naguère à l'école, reflétée dans les signes du Présent et dans les vagues de la mer. Il paraît qu'il était tellement pris par ses calculs qu'il n'avait pas entendu les féroces soldats qui venaient jusque dans nos bras égorger etc., et qu'il était mort comme ça. En tombant sur le côté, le mauvais côté, puisqu'il n'était pas remonté à la surface. Son truc à lui, paraît-il, et qui a foiré quand ça aurait dû plutôt lui servir.

Pour en revenir à cette quête impossible — la figure paternelle — tous les contrôleurs que j'ai rencontrés n'avaient pas tous de bonnes bouilles ; certains étaient, cependant, quand même aimables, mais j'ignorais comment affronter le problème de ma recherche.

En fait, je savais très bien que c'étaient des bobards de maman, pour remplir notre solitude.

Mon père n'était peut-être pas vraiment un contrôleur, ni même un conducteur, mais un voyageur sûrement, puisqu'il n'avait pas eu le temps de rentrer un seul instant dans ma vie. Seuls les voyageurs sont si pressés.

D'un train à l'autre, toujours à courir sur les quais des adieux, une valise à la main, un mouchoir sur les yeux pour mieux renifler, et du passé à foison, à effacer.

Le train venait de s'arrêter dans une petite gare où les oléandres se laissaient caresser par le vent et le parfum du jasmin arrivait jusque dans le compartiment. C'était l'un de ces trains latins qui en avait vu d'autres et que les gouvernants du nord avaient décidé d'offrir généreusement aux voyageurs du sud qui, n'étant pas pète-sec pour un sou, savaient se contenter du peu qu'on leur proposait. Pour moi, cela tombait bien, je venais de quitter Syracuse et j'avais décidé de remonter vers le nord des brumes et de la pluie. La lumière de Siracusa m'avait ébloui, j'avais composé deux poèmes minables sur la mer que j'avais déchirés en mille morceaux, histoire d'offrir aux divinités du lieu un don, bien que misérable, mais n'était-ce pas là mon état actuel ? Je n'avais plus beaucoup d'argent et j'avais photographié tout ce que l'on pouvait photographier à Syracuse, y compris l'oreille de Dionysos.

S'il y en avait peu, je m'étais senti toutefois comme le Roi des touristes, en cette fin de saison. D'ailleurs, les docteurs avaient parlé également, dans leur jargon habituel, avec un air plein de sous-entendus, de mégalomanie paranoïaque qui, de temps en temps, se déclarait ouvertement. Certains esculapes avaient même suggéré que le fait d'avoir trop étudié aurait pu être le déclic, cause et effets dévastateurs, de mon malaise existentiel.

Manque de figure paternelle, perte de la mère, de l'amante, de l'ami, de l'animal, trop de lectures, trop d'études, prince de la digression, roi des touristes. Assassin né. Et, par dessus tout, poète du tiroir. En somme, un monstre. Incurable.

En ouvrant les yeux, je n'avais pas fait attention aux spectateurs présents au sein même du compartiment, puisque possédé par la présence diabolique de mes Souvenirs et par la rencontre fugitive de la divinité du passage à niveau. En face de moi, une petite dame rondelette savourait une revue d'antiquités. A côté d'elle, son fils charmant, à l'âge des boutons. En fait, il y avait beaucoup de place, mais ces gens semblaient vouloir s'attacher à moi.

A côté de l'acné juvénile, un paysan, émigré de profession, avec valise en carton, saucisson et tomates séchées dans un bocal oint et fiasque de vin.

Enfin, la gare. Messina, énonça en italien le haut-parleur. Pas de traces de mon papa, ça je le savais. Un sirocco gluant venait de se lever, impudent et outrageux. Sur le quai, des hommes en noir et des femmes sérieuses poussaient leurs petits paquets vers les portes du train. L'enfant à l'acné me chuchota que nous allions traverser la mer. Le train allait bientôt s'engouffrer dans le bateau. De l'autre côté, la Calabre nous attendait. Un homme en noir, curieuse cette mode du dark même ici, moustaches pointues et regard sévère, pénétra dans le compartiment. Le chaos du transbordement était remarquablement angoissant, nous étions en train de nous enfoncer dans les ténèbres au fin fond du navire, ferry-boat ou *traghetto*, comme ne cessait de m'expliquer Giuseppe, l'adolescent. Je sentis le regard de l'homme moustachu se poser indiscret sur moi. Giuseppe me poussa du coude et me demanda si je voulais aller avec lui sur le pont voir la mer. Pourquoi pas ? La *mamma* rondelette me tranquillisa sur le sort de ma valise.

Nous montâmes vers la lumière. Tout en haut, près du ciel, les mouettes improvisaient une danse en notre honneur.

Giuseppe me montra la Calabre où, disait-il, son père les attendait, puis, me poussant encore du coude, il m'indiqua en ricanant une jeune femme qui montait les escaliers vers nous. Moi, qui ai lu tout un tas de romans, je ne fus pas surpris. La femme qui montait, était la femme la plus belle du monde qui, quelques instants auparavant, se trouvait au passage à niveau. Les romanciers de profession m'avaient assez préparé à ce genre de situation. Le curieux de l'histoire aurait été qu'elle vînt vers moi… Elle ne vint pas vers nous, mais me lança un regard qui me fit mal, tellement il était beau, tellement il était foudroyant, tellement il était regard de femme.

Le dernier regard de femme qui s'était posé sur moi et qui avait eu cette ampleur, mélange de mystère et de désir, avait été celui de Marie. Il y a belle lurette. Marie… mes yeux se remplirent de larmes et ma voix qui allait prononcer quelque chose se brisa dans ma gorge. Bellissima, s'extasia Giuseppe… Oui, dit ma tête à mon cœur.

La pluie se remit à tomber. Nous redescendîmes vers les confins de l'enfer tandis que la bellissime disparaissait à son tour dans les aléas de la vie.

Dans le compartiment, la mère de Giuseppe et le vieil émigré dormaient profondément et le moustachu avait disparu ; ma valise aussi. Il devait sûrement y avoir un rapport. Je refis le chemin vers l'extérieur tandis que le bateau commençait à quitter les quais de Messine. Je serrais contre moi mon sac à dos, seul vestige de mes affaires qui me restait, le moustachu m'ayant pris mes slips et ma brosse à dents. Sur la terre ferme, il me sembla apercevoir le voleur qui s'en allait, ma valise à la main, vers le dédale des rues obscurcies par la grisaille du sirocco.

J'en étais là, assis sur un banc, sur le pont, cinglé par les vents du détroit, quand un marin s'amena vers moi d'un air menaçant qui ne me plaisait pas. Il me dit quelque chose que je ne compris pas. Une chose était de déchiffrer le jargon de Giuseppe, mêlé aux quelques mots de français ; une autre, de saisir cette sorte de langue empreinte de violence. Je lui tournai le dos, regardant la mer et j'allumai une cigarette.

La suite eut quelque chose d'incroyable, d'effroyable, d'inexprimable. Le marin, mais peut-être ne l'était-il pas, me tapa du doigt sur l'épaule et, en me retournant, je pris une gifle en plein visage. Cela ne m'était jamais arrivé. L'insanité ébouriffante du geste me figea à tel point dans une incrédulité séculaire, que ma cigarette tomba. L'incrédulité de tous ceux qui ont dû supporter toutes les arrogances des puissants. Cet énergumène, qui venait de me frapper sans motif, se rapprocha encore davantage. Paralysé par la peur, je ne sus pas quoi faire et le pire, c'était que nous étions seuls sur le pont et, en dessous de nous, la mer, la mer dont j'avais tant rêvé. La joue me faisait mal mais c'était surtout le fait de ne pas saisir la raison de cet acte, qui me blessait et me cuisait. Bien sûr, ce genre de trucs violents existe aussi dans les romans mais, en général, ce sont des pages qu'on lit assez rapidement, presque gêné qu'un écrivain s'amuse à raconter des fadaises semblables. Et, en plus, avant de s'endormir, on vérifie qu'il n'y ait personne sous le lit et on laisse la lampe allumée un bon moment. Donc, pas fier sur mon banc, avec le géant aux mains folles qui cherchait à me prendre mon petit sac à dos contenant mes biens ultimes. En fait, il voulait peut-être que je quitte le pont et, voyant que je restais là, avait-il pensé, comme ces maîtres d'autrefois, aux manières fortes ?

Mais très vite, je compris que ce qu'il désirait, c'était prendre ma fortune.

Alors, dans un geste de désespoir, ultime effort suprême du héros en péril, tandis qu'il tirait avec violence sur mon bien que j'agrippais le plus fort possible, ces deux testicules se présentèrent à mes yeux. Ça a l'air ridicule, à raconter, mais après la violence des docteurs, de la société, de l'existence, après les fuites vers un monde intérieur, plus tranquille certes, mais si triste que le petit bonhomme tapi en moi n'arrêtait pas de pleurnicher, il fallait bien que je réagisse. Mon pied partit en direction de ce que j'imaginais être ses couilles et, à cause de la douleur mêlée à la surprise, il recula sans un bruit vers le parapet, juste au-dessus de la mer, là où Arion fut sauvé par les dauphins, là où Ulysse nostalgique rêvait de Pénélope tandis que le cyclope lui lançait des pierres…

Un homme, ça a des couilles ou ça n'en a pas.

Apparemment, lui, en avait. Malencontreusement, il s'approcha trop vite du parapet, il glissa même, perfide sirocco à la pluie insidieuse, les divinités m'avaient donné la force nécessaire pour me débarrasser de l'intrus violent.

Il disparut sans un cri, sans un bruit, sinon l'immense silence glacial qui tomba sur le pont, sur moi, sur mon effroi, sur mon ahurissement, tandis que la nuit implacable enveloppait la douleur des hommes dans ses bras ténébreux.

Ah ! la poésie… c'est ça qui m'avait tenu en vie même dans les moments les plus désespérés, au bord d'une route, en priant qu'une voiture m'emmenât au loin, loin des chagrins vers un quotidien plus tranquille et moins violent…

Car la vie s'était finalement révélée comme une suite d'événements violents, le clochard sous le pont mort de froid, le curé atteint de cancer aux os disparu un jour sans prévenir, la voisine pendue dans la cave et découverte par ses enfants, ces deux copains du quartier, toujours souriants dans les rues, fredonnant les derniers succès des Beatles, morts à la suite d'un accident de voiture et si tranquilles dans leurs cercueils, les cadavres des immigrés sur le fleuve, le chat écrabouillé et le chamois tué par les chasseurs, la petite vieille ratatinée par un pirate de la route, les enfants battus, les adultes roués de coups, poignardés, piétinés, les guerres, l'handicapé écrasé par la foule aux heures de pointe dans le métro dans une indifférence tellement indifférente qu'elle en devenait poignante de détresse et personne pour s'arrêter et le relever. Puissance de la foule, dictatures, menaces, ombres et pendus… Et puis, Marie au bout de cette corde, maman à l'eau, Frédo, Max.

Il me sembla que cette fois-ci, même la poésie ne pourrait m'aider. A ma longue suite de morts dont j'étais le principal responsable, il me fallait ajouter celle de ce marin pécheur. J'aurais aimé que madame Chose, la psy de mon dernier séjour chez les «exténués de la nostalgie», fût ici, près de moi, avec sa douce tendresse et sa voix basse et chaude, pour me réconforter, me garder du froid de l'hiver et de l'univers, me donner un de ces comprimés miraculeux qui font dormir et empêchent l'esprit de tourner en rond ou bien me murmurer l'une de ses phrases qui me laissaient songeur, mais madame Chose avait d'autres chats à fouetter, perdue dans les brumes du nord, elle ne pouvait pas se douter qu'à des kilomètres de chez elle, son patient préféré était dans la mouise la plus dramatique qui soit.

Non, personne pour m'aider, à mille lieux de mon territoire, en plein chez les hommes, je devais par moi-même essayer de m'en sortir, encore une fois, et le plus vite possible, pour ne pas flancher à mon tour, comme Marie mamie, comme Frédo frérot, comme toutes les épaves prises dans la fureur des flots.

Au moment où je me répétais cela, je la vis, seul être à paraître sur le pont de mon désespoir, faut-il qu'il m'en souvienne. L'air hautain de la divinité distante qui se rapprochait de moi. Un homme était tombé dans les profondeurs de la nuit tombante et personne ne s'était aperçu de rien. Pas un chat, si ce n'est cette silhouette aux pas félins et au regard méditerranéen.

— Vous n'y êtes pour rien, me dit-elle.

Une déesse. Ou une messagère des dieux, n'étions-nous pas dans la terre des dieux et des mystères ? Une envoyée de Déméter ou de Perséphone qui venait me rassurer, me protéger, qui effacerait de ses yeux noirs toute la saleté de la nuit, tous les résidus du cauchemar.

— J'ai tout vu, ne vous inquiétez pas, venez avec moi.

Déjà, de sa voix ensorceleuse, elle m'entraînait au loin vers je ne sais quel paradis ; nous descendions les couloirs de l'enfer, ne te retourne pas, ne te retourne jamais. Je ne me retournerai plus jamais. Les larmes aux yeux, je ne savais pas comment tout cela se terminerait, l'angoisse apaisée même si, au fond de moi, de mon émoi, une petite voix se demandait pourquoi elle parlait la même langue que moi. Entre Charybde et Scylla. Petit patatras.

Chapitre quatre

Le train remontait à la surface.

Nous étions maintenant en terre calabraise, la nuit, généreusement, était complètement tombée. Elle s'étalait désormais sur les peines de l'humanité et les chagrins cachés dans les ruelles de l'existence.

Je pensai à ce petit écureuil enfermé dans sa cage, sur le trottoir, près de la mer, que je voyais chaque matin quand je sortais de la chambre où je séjournais. A Syracuse, chaque matin, j'allais prendre un café dans un petit bistrot près de Ortigia. Et, chaque matin, j'avais mal au cœur de voir cette minuscule bête tourner en rond, envers et contre tout, contre la connerie des hommes qui l'avait enfermée. Devant la cage, quelques arbres rachitiques qui laissaient rêveur l'animal, de l'autre côté, la mer. Et lui, à tourner en rond.

On n'a pas idée d'enfermer un écureuil dans une cage pour le vendre. Comment les hommes pouvaient-ils s'amuser à construire des cages pour y enfermer d'autres êtres, alors qu'eux-mêmes n'arrêtaient pas d'essayer chaque jour de sortir de leurs propres prisons ? Le dernier jour, il ne tournait plus en rond. Résigné, recroquevillé dans un coin de la cage, il dormait, épiant peut être une main libératrice. Je n'en avais pas eu le courage, ni même l'argent pour l'acheter et, probablement, n'ayant jamais rien connu d'autre que la captivité dès sa naissance, il serait mort de faim dans la ville.

Je pensai à l'écureuil tandis que nous pénétrions dans le compartiment avec la belle inconnue. L'impression d'être moi aussi en captivité, pris dans les lacs, retenu par son regard profondément émotionnant. Ses yeux noirs, sa voix douce, sa peau métissée.

— Mais il y a un problème…

— Je ne comprends pas…

Dans le compartiment, Giuseppe et sa mère avaient disparu, eux aussi, comme ma valise. L'émigré, dès que nous fûmes à l'intérieur, prit ses cliques et ses claques et se volatilisa. Nous étions seuls, elle et moi, sa beauté et mon délire, son charme et ma solitude et cette phrase qu'elle venait de prononcer, problème…

Au pays de Naguère, chaque fois qu'il y avait des problèmes, je filais ailleurs, je n'allais pas à l'école, je me perdais dans la cour et ses marronniers, j'évitais…

— Si cet homme a voulu te voler, voire te tuer, il a peut-être dans ce train des complices…

— Mais vous, qui êtes-vous ?

— Une amie de passage…

D'où le tutoiement, d'où mon vouvoiement, elle m'en jetait plein les yeux, avec ses airs d'espionne orientale ou russe, elle devait avoir au moins quarante ans mais elle les cachait bien. Nerveusement, elle s'alluma une cigarette, regarda au dehors dans la nuit les manœuvres des cheminots, sembla réfléchir et me demanda :

— Tu n'as pas de valise ?

— On me l'a volée, répondis-je laconiquement

— Bon, il n'y a pas de temps à perdre, viens, en tendant sa main vers mon sac à dos, allons-nous en, nous prendrons un autre train…

— Mais je n'ai plus d'argent, dis-je, en reprenant mon sac.

— Je m'appelle Agata. J'ai beaucoup d'argent et beaucoup

d'amis, ne te fais aucun souci… ce type sur le pont, je le connaissais, c'était un type de la…

Un bonhomme au teint souffreteux et malfaisant l'interrompit, en faisant mine d'entrer dans le compartiment, puis, se ravisant, il disparut.

— Vite, dit-elle, partons !

Comme l'écureuil, soudain résigné, et plutôt anxieux, je la suivis. A regret, je quittais le train qui me ramenait vers un chez moi improbable, je le quittais comme si, aimanté par une force mystérieuse, j'étais devenu la proie de cette inconnue, car, à l'improviste, j'étais devenu famélique de caresses, de câlins, de tendresse, moi qui, après tant de douleurs et de vie monotone, si l'on peut définir les morts et les séjours en clinique ainsi, avais envie de tranquillité, d'un logis chaud et accueillant, où tout ne serait que *luxe, calme et volupté*, protégé par cette nouvelle amie, attiré sans vraiment savoir pourquoi par elle, alors qu'on avait volé ma valise, qu'on venait de m'agresser et que j'avais aidé un homme à sauter involontairement dans la mer, alors que la nuit chavirait sur le détroit et que, sur le quai des adieux de Villa San Giovanni, je regardais le train, semblable à une longue chenille, disparaître lentement au loin.

— Et maintenant ?

Mais ma question resta sans réponse. Quand on met les pieds dans le plat de l'aventure, il ne faut pas s'attendre à obtenir toujours des réponses aux questions que l'on pose ; ma déesse semblait réellement préoccupée par mon sort. Si quelqu'un s'amusait à repêcher au fin fond du détroit quelques poissons, et quelques noyés de passage, la police se mettrait immédiatement sur mes traces. Je n'avais rien à craindre, bien sûr, puisqu'elle avait tout vu et qu'il s'agissait d'un malheureux accident, mais les flics, comme les infirmiers des cliniques, m'angoissaient terriblement avec leurs interrogatoires et leurs médicaments à avaler.

Je la suivis donc, d'ailleurs elle me prit par la main, toutou bien dressé ou écureuil en pseudo-liberté à grignoter les quelques bonnes graines qu'elle voudrait bien mettre à ma disposition. Je savais qu'elle s'appelait Agata, qu'elle était sicilienne avec également du sang arabe, qu'elle était divinement belle ; dans tous les livres qui se respectent, l'auteur aime se mesurer avec la spécialité de la description pour montrer au lecteur impressionné qu'il en a, du talent. Mais, n'étant guère qu'un auteur refusé, un malade mental en sursis, un semeur de cadavres, un être seul et médiocre, même pas capable de libérer un pauvre écureuil, alors, décrire la beauté... Sa beauté, ses gestes, son regard, la perfection de son corps. Des mots... qu'une nuit réelle savait cacher admirablement, à peine éclairés par des néons calabrais parsemés de moucherons voués au suicide.

En silence, nous prîmes un train pour Reggio Calabria. Là, me dit-elle, nous passerons la nuit et puis demain, nous prendrons un autre train, de l'autre côté, sur le versant ionique.

J'avais l'impression d'être dans une de ces histoires-métamorphoses à la Ovide, avec des nymphes et des faunes, des divinités et des malfrats-centaures. J'étais dans le territoire de la vieille Magna Graecia, pas très loin du lieu où Perséphone avait mangé la graine de grenade, là où Pythagore magnifiait la philosophie comme purification de l'âme à travers la connaissance de l'ordre supérieur de l'univers. N'y avait-il pas également, en face, l'Etna, où sommeillait l'inquiet Typhon ? Un certain Corax n'avait-il pas inventé la rhétorique dans le pays des orangers et la rhétorique n'était-ce pas tout d'abord l'art de persuader ? Dans l'intimité de mon petit discours intérieur, j'étais en train de me persuader qu'Agata était la femme de ma vie, ou de mes nuits, qui pouvait vraiment le dire ?, que j'étais une sorte de voleur de feu attaqué par des diablotins déchaînés et envoyés par quelque dieu adverse, pour je ne sais quelle offense perpétrée sans m'en être rendu compte.

Justement, de l'autre côté du détroit, Typhon venait de se réveiller, une poussière grise envahissait l'air et la nuit et des lapilli s'envolaient vers le ciel. Une éruption. Un signe des dieux ! pensai-je. Allais-je repartir dans mes dédales ? Allais-je me transformer ? Deviendrais-je moi aussi un cours d'eau, comme la nymphe Ciane, pour ne pas avoir su empêcher le rapt de Perséphone ? L'Antiquité me dévorait. Je respirais la fumée des cendres de la montagne en colère dans les méandres que nous traversions, Agata et moi, une saison en enfer, une saison chez Hadès et sa femme. Si Agata se retournait un seul instant, alors que, transporté ou, pour mieux dire, métamorphosé au sein même de mon histoire, je la suivais comme un chien derrière son maître, allais-je à mon tour disparaître dans le royaume des morts, à jamais ?

A bout de souffle, comme si de mystérieux ennemis nous poursuivaient, au coin d'une rue, elle murmura finalement le mot fatidique : mafia. Et là, moi qui ne savais pas grand-chose des choses de la vie, à part mes tragédies personnelles, je me souvins immédiatement d'une image vue à la télévision, un tronçon d'autoroute pulvérisé en l'air, pour empêcher un juge honnête de continuer à vivre et de faire honnêtement son travail.

Une chose me gêna, toutefois, comment se faisait-il que la mafia en avait après moi, un pauvre type, légèrement fada sur les bords, qui ne s'était jamais mêlé de choses qui ne le regardaient pas ? N'en n'avais-je pas assez des miennes ? Et quel était le rôle de cette femme ? Agent secret ? Cinéma, cinéma, cinéma ! Réveillez-moi à l'entracte, je veux manger mon esquimau tout glacé et repartir chez Madame Chose !

A propos de Madame Chose, je me souvins lui avoir envoyé un petit paquet contenant un livre en cadeau, une lettre et autre chose. Un des derniers jours de mon séjour syracusain, avant de terminer mon argent, il m'avait semblé important de lui faire un cadeau pour la remercier. C'est curieux comme je suis attiré par les femmes mûres, d'un certain âge. *Je préfère tes fruits Automne Aux fleurs banales du Printemps.* Avec madame Chose, cela n'aurait peut-être pas marché aussi bien si je lui avais fait un brin de cour, mais je n'avais pas la tête à ça, j'avais d'autres folies, bien cachées, qu'il fallait enterrer à jamais. Mes culpabilités. Après Marie, je n'avais plus connu l'amour. Madame Chose était surtout ma thérapeute, on risque toujours de tomber amoureux de celle ou de celui qui cherche à vous guérir, n'est-ce pas ? Dans ma lettre, au fin fond du petit paquet, je lui avais parlé de tout cela, de Syracuse également, de mes meurtres symboliques, comme elle les appelait. Avoir dit, je t'aime, à trois personnes et à un chien, avait provoqué leur disparition. Je n'étais pas disposé à rechanter la rengaine de l'amour.

Mais là, attiré par cette main forte dans les ruelles de Reggio Calabria, j'étais prêt à recommencer, de nouveau, comme si toute ma vie précédente, mes vies passées, avaient été d'un seul coup de gomme effacées. Ça devait être cela, le vertige de l'inconnu. Ce que le grand poète nomme l'irréparable.

Dis- moi ton cœur parfois s'envole t-il, Agathe ?

Près du port, une fenêtre plongeant vers les eaux du détroit, une autre donnant sur une ruelle mal éclairée, une salle de bains, une cuisine et une chambre. Un seul lit. Une entrée. Un petit divan, difficile de s'allonger et de s'endormir. Agata semblait à son aise, maintenant chez elle. Une maison de passage, dit-elle en souriant. Quelques livres. Des polars et, surprise, un volume de poèmes de Jules Supervielle. Un oubli, précisa-t-elle, je n'aime pas la poésie. Une déception, pensai-je. Dans le frigidaire, des œufs. Une omelette ? proposa-t-elle. A cette heure-ci, je n'avais qu'une envie, dormir. N'ayant aucune riposte valable, ne pouvant cocher aucune réponse parmi les mille qui répondaient à mes questions, il me fallait renoncer à résoudre les énigmes et me mettre bien sage à la case départ tout en craignant la suite des événements.

— Vous parlez bien ma langue.

— Rien de surprenant, ma mère était libanaise...

Ce fut la seule demande qui fut élucidée en attendant qu'elle terminât le repas improvisé. Elle mâchait ses bouchées de la même façon qu'elle mâchait ses mots. Très lentement, sans interruption. Je poireautai patiemment en bâillant avec discrétion. Je n'avais pas faim, mais je fis un effort et je bus quelques verres de vin. Cela me réconforta. Le vin était fort, rêche et picotait le palais mais glissait assez bien. Au bout de trois verres, la tête me tournait, je n'avais plus l'habitude. En fait, la tête me tournait depuis que je l'avais rencontrée. Je ne cessais de la regarder, attiré, fasciné, tétanisé par la perfection de son visage. Et sa voix douce et rauque qui ne cessait de me tranquilliser.

Quand la table fut débarrassée, nous restâmes en silence devant nos mains vides.

Toutes ces histoires qu'elle avait susurrées, d'une rue à l'autre, tout en marchant d'un pas rapide, me laissaient assez perplexe. Je voulais bien croire au Père Noël, je voulais bien croire aux éléphants qui volent et au fait qu'Arthur Rimbaud ait cessé d'écrire des poèmes à vingt ans, mais que venais-je faire, moi, écrivain raté, névropathe mélancolique, dans un imbroglio mafioso ? Il fallait beaucoup de fantaisie, et celle-ci ne me manquait guère, mais enfin, Agata, que voulait-elle, qui était-elle ?

En général, c'étaient les princes, les lancelots qui défendaient les veuves et les orphelins, et pas le contraire. J'aimais bien ce rôle de câlin-câlin avec une nounou hyper protectrice, comme on en voyait parfois au cinéma, ça me changeait du rôle de héros solitaire et perdant, et j'étais trop subjugué par son charme de dark lady pour vouloir me rebeller ; mais, tout de même, je commençais à regretter un peu mon petit train de retour, paisible et rassurant. Des gares avec des chefs et des coups de sifflet, des passages à niveaux, des vaches dans les prés qui nous regardaient passer, des hauts-parleurs qui nous annonçaient que, sur le quai numéro un, le train allait repartir. En route vers le bonheur. Aiguillage à gauche. A gauche. Tout droit. Les rails ne se rencontreraient plus jamais. Pas de rencontres fatales. Pas de complications. Du paisible, une vie bien au chaud et, parmi ces voyageurs, peut-être mon père disparu, un éditeur à ma recherche, la femme de ma vie… La gare où l'on arrive, l'odeur du café au petit matin. Les valises. Tout ce monde qui circule, heureux, apparemment serein et qui fait son travail. A composter, au suivant. Et les kiosques des journaux. Et la buvette. Et les petits chariots. Et les grosses locomotives. Et la salle des pas perdus. Et les guichets. Et les salles d'attente où l'on peut se permettre d'espérer quelque chose ou guetter la venue de quelqu'un sans attendre vraiment personne. Où l'on peut lire. Une gare, c'est presque comme un chez soi. Surtout quand on part. Ou quand on arrive.

Bon, l'aspect ferroviaire était plaisant mais là, n'étais-je pas en compagnie, en tête-à-tête avec la femme la plus belle du monde ? Et que me disait cette femme du monde très belle ?

Qu'ici, nous ne courions aucun danger. Nous ? Que le type passé par-dessus bord, elle le connaissait. Elle était convaincue qu'il s'agissait bien d'un certain Camarda, d'une famille du quartier nord de Catania. Un drôle de nom mortifère qui se collait à ses trousses. La frousse. Qu'elle connaissait bien ces gens-là parce qu'elle avait travaillé comme psychologue à la prison. Une psy ! Une autre ! Pas une psychiatre, mais une psychologue. Psst psst, me chuchota-t-elle, veux-tu boire un café, une liqueur ?

Une liqueur, pourquoi pas ? Finies, les vaches dans les prés. Finis, les rêves littéraires. Tout fini ! Ou presque…

Mais il s'agit d'une erreur ! Je n'ai rien à voir avec la mafia ! Je ne parle même pas le sicilien. Il doivent se tromper de personne ! Ça peut arriver, répondit-elle, mais c'est assez rare.

Experte, avec ça !

En attendant, buvons un autre verre de cette ambroisie des dieux. Ça a l'air plutôt bon. Si la mafia me cherche, comme disait un chanteur à la mode dans les années soixante, caprices c'est fini. Mais, demandai-je, pourquoi toute la mafia me rechercherait-elle ? Pourquoi pas seulement Camarda qui, à vrai dire, ressemblait plutôt à un sale voleur, un kleptomane invétéré, un maniaque des sacs à dos ? Pourquoi pas une sorte de raptus homicide ? Non non non, insista-t-elle, en italien, Camarda est, était, un tueur recherché par toutes les polices de la péninsule.

Sueurs, gouttes de sueur, il commençait à faire chaud dans ce petit appartement. Demain, nous déciderons. Demain, je vais à la police ! m'exclamai-je brusquement. Demain, répliqua-t-elle, nous verrons. J'aimais bien. La voilà qui reprenait le fil de la situation, le fil directeur de l'intrigue pour ne plus le lâcher. Une muse alors, non pas une déesse. Une simple muse. Un verre de liqueur doucement empoisonnée de désir, un aphrodisiaque, car je sentis au plus profond de mon moi, une légère confusion érectile. Quand elle enleva son gros pull-over. Ce qui arrivait aux hommes de bonne volonté, paraît-il.

Nous en étions là, à nous regarder. Je m'aperçus que je rougissais. Perdant et timide.

Sa main prit de nouveau la mienne et, cette fois, ce n'était pas pour courir, d'ailleurs je n'avais plus de souffle, je ne pouvais que m'écrouler dans la pièce à côté, sur le lit, il me venait de drôles d'idées dans la tête, ce genre d'idées qui pouvaient venir quand on n'avait pas touché à une femme depuis pas mal de temps, les médicaments bien sûr, les aléas de la vie, les peines de l'existence…

Elle me fixa, elle me figea. Ô Euryale ! Une gorgone ! Celle qui errait au loin.

Je découvris la rondeur de ses seins qui n'ajoutaient rien de plus à son charme déjà proclamé, juste un tout petit peu de désir, un zeste d'érotisme supplémentaire mais non pas nécessaire, ah ! oublier tout et m'égarer dans ce corps, car cette main qu'elle tenait et qu'elle caressait, attirait vers elle ce corps qui était le mien, qui m'appartenait encore un tout petit peu, moi le perdant impénitent, à un pas de ses lèvres, à une éternité de plaisir intense. A petits pas vers une intensité de plaisir éternel...

Des gouttes de pluie sur les fougères dans un sous-bois sentant le musc et les champignons. La rosée, le matin, caressée par les premiers rayons de soleil. Le piano de Bill Evans. Une sonate de Schubert. Le chant d'un oiseau au crépuscule. Un arc-en-ciel timide s'étirant au cœur de l'orage. Un parfum retrouvé dans la foule des passants. Une fleur séchée au milieu d'un vieux livre. Un après-midi de pluie. Les premiers flocons de neige sur les branches d'un cerisier.

Ses lèvres parlèrent et ne dirent presque rien. Que la saveur, la fraîcheur, la douceur.

J'étais, comme on dit, fait comme un rat, cuit comme une carotte, pris au piège, comme un ours en cage, tombé dans le panneau, plumé comme une alouette, sous sa griffe. Il me fallait de la poudre de perlimpinpin pour me remettre en état. En état de nuit.

Ses deux seins étaient absolument et directement proportionnels à tout ce qu'un homme dans mon cas aurait pu demander. Son lit était à un pas d'ici. Ses bras et ses jambes surent combler la distance. J'en étais à me demander s'il fallait que je prenne au sérieux toute cette histoire ou s'il fallait que je me laisse aller.

Je me suis laissé transporter par les flots, transformer par le courant, chavirer, couler. Hisser sur les berges. Au fin fond de l'océan-gratitude. A quelques années-lumières de mes solitudes incertaines, dans un corps à corps émotionnant, audacieusement timide. Si ce n'était pas de l'amour, il s'en fallait de peu. Dans mes rêves austères, l'époustouflant plaisir de l'union.

Mais il ne fallait rien dire. Surtout pas. Motus et bouche cousue. Les lendemains étaient parfois bien cruels.

Et elle ne m'avait pas encore demandé comment je m'appelais.

Le matin était blême et, sur les rues de la ville, les cendres noires étaient tombées. Un monde étrangement sali se présentait à mes yeux.

J'avais mal dormi, à cause d'une grande soif, due à l'alcool ingurgité la veille et, surtout, à cause de la tension provoquée par tous ces gestes amoureux qu'il me semblait avoir définitivement oubliés et qui étaient revenus, comme ça, tout bêtement, naturellement, au fur et à mesure que nous avancions à pas de loups vers la plénitude des sens. Une atmosphère d'étrange folie s'était créée, entre elle et moi, je voulais demander, elle me devançait. Omniprésente dans le mitan du lit, là où la rivière est profonde, ma reine du palais connaissait par cœur les gestes et les caresses nécessaires pour éveiller chez moi le juste désir. Plus besoin de mendier, elle offrait généreusement tout ce qu'il me fallait pour plaquer ma gourmandise.

J'étais confiant dans le meilleur des rêves possibles ; hier encore, je revenais de Syracuse comme on revient de guerre, seul, triste et démuni et, au bout de quelques heures, j'étais dans un lit chaud et immense, avec ce corps, ce cœur de femme généreuse et dévouée. Ma vie allait-elle changer dorénavant ? Nous aurions pu vivre ici, près de la mer, je serais devenu pêcheur de perles rares et de poissons magiques, chaque jour, nous aurions regardé longuement le soleil se coucher au-delà de la mer, près de la montagne aux lapilli. Jaillissant de nulle part, cette femme m'avait ensorcelé. Je pouvais dès maintenant oublier mes chagrins passés, effacer les fautes qui me tiraillaient la conscience, gommer les mauvaises pensées de mes maladies honteuses, laisser les visages aimés de mon passé s'estomper peu à peu dans la mémoire du temps qui passe, recommencer à vivre. Offrir à cette femme le chant de l'amant bienheureux, le chant de l'amour à jamais.

Près de la fenêtre, malgré le paysage sali par les crachats noirs du volcan, je me construisais à nouveau un univers conforme et réglé bien comme il faut par les divinités bienfaisantes. Pas de souffrance, à la limite un tout petit peu, mais pas trop, et du soleil, beaucoup de soleil, car elle, Agata, me l'avait dit, tu verras quand le soleil viendra, alors tu aimeras ce monde, cette lumière te permettra d'attendre tout et rien. Une lumière de l'attente.

J'attendrais. Je n'étais pas inquiet à propos des malfrats, il ne devait s'agir que d'un malentendu comme dans un mauvais film. Ce qui importait, c'était cette femme, encore allongée sur le lit.

Il fallait faire attention à ne pas faire de faux pas, il fallait être patient.

En fait, sans vraiment le savoir, je refaisais mon numéro favori, celui de l'écrivain devant sa page blanche qui, pour ne pas mourir tout à fait, pour ne pas se laisser emporter par la vague mauvaise, entraîner vers le fond de l'océan-détresse, se raconte une histoire belle et merveilleuse, une histoire pleine de petites choses agréables à toucher comme les premiers rayons de soleil qui chatouillent les yeux, comme les deux bouts magiques de ses seins tendus vers mes lèvres pour apaiser ma soif, comme des musiques envoûtantes qui imprègnent l'air d'une douce mélancolie, comme un poème, d'une main tendue vers une autre, comme disait si bien Paul Celan.

Un monde parfait qui n'existait pas.

Ou rien que dans les lignes, sous les lignes, entre les lignes. A creuser, bien sûr, afin d'échapper à la grisaille du quotidien. Il ne faudrait pas qu'il n'y eût que des choses exceptionnelles, que sais-je, des dragons, des potions magiques, des enlèvements, coups de théâtre et rififi. Pas seulement des adultères adultérés, ou d'acerbes aspérités, pas de romances sans paroles et de paroles sans musiques, pas d'invitation à la valse, non ce qu'il faudrait, en creusant bien, en limant, en ôtant les résidus, en enlevant la poussière indiscrète, ce serait juste un homme et une femme enlacés à jamais. N'est-ce pas après tout l'histoire de toujours ? Bien avant la chasse, bien avant la cueillette. Juste quand le soleil se lève, un peu avant qu'il se recouche. La rencontre de deux êtres. La même émotion indicible. Indéfinissable. Infinie. Une fois refermée la porte derrière eux, l'histoire aurait pu se conclure, pensait l'écrivain en herbe.

Mais Agata en avait décidé autrement. Nous quittâmes donc Reggio sous une pluie de cendres que le vent apportait inlassablement par-dessus la mer. Et nous reprîmes un train. Non plus rêve, mais réalité.

A la gare, le temps d'un café, elle lut les titres d'un journal où l'on parlait surtout du tremblement de terre en Sicile et de l'éruption de l'Etna. Secousses. Aucune trace dans le journal du noyé. Rassurés, nous nous laissâmes transporter sur les rails par un petit train cahotant et antédiluvien. La mer, au-delà des agaves qui se dressaient superbes sur les talus, semblait vouloir se déchaîner. La pluie se mit à tomber et les gouttes mêlées à la cendre, s'écrasaient sur la vitre contre laquelle, protégés par nos silences, chacun de nous cogitait. Aucun signe de lassitude entre nous, ses gestes étaient encore empreints de tendresse, mais je commençai à m'inquiéter de ce mutisme ; la fatigue, peut-être. N'étais-je pas moi-même en proie à un spleen dévoreur dû à cette bruine qui, sur la fenêtre, laissait de longues traînées noires ?

Le petit train avançait malgré tout et, à la gare de Locri, Agata, ayant perdu son portable, m'annonça qu'elle descendait quelques minutes pour téléphoner à une amie. Pressentiment de l'abandon ? Le train ne restait en gare que quelques instants, elle aurait dû revenir immédiatement, qu'avait-elle besoin de communiquer avec le restant du monde ? Pourquoi risquer de se perdre ? Je regardai dehors mais je ne distinguai rien. Les rares voyageurs se pressaient sous les injonctions vocales et mimiques du drapeau rouge du chef de gare, mais pas de trace d'Agata. Le train, lentement, toussotant, se remit en marche et alors, je la vis, là-bas, près de la cabine, noyée sous la pluie, et elle n'était pas seule, elle était entourée de deux, trois énergumènes, je me mis à crier, des passagers me regardèrent, mais personne, à part eux, ne m'entendit. Qu'aurais-je pu faire ? Sauter ?

Réfléchir. Il n'y avait sur ce trajet qu'une voie ne se doublant que dans les gares. Là seulement, les trains se croisaient. Une voie. Un aller ou un retour. Mais revenir en arrière, pourquoi faire ?

Il fallait absolument que je me calme. J'entrevis Agata sortir de la cabine, s'apercevoir que le train redémarrait, mais des touristes, des Japonais s'approchèrent d'elle…

Oui, des touristes, évidemment.

Réfléchir. Utiliser le petit cerveau offert à ta naissance avec les dragées et pas encore complètement bousillé par les médicaments ou, vice-versa, que les médicaments avaient pu sauvegarder, aurait précisé madame Chose. Qu'importe. Agathe disparut, sous la pluie noire. Mais que m'avait-elle chuchoté avant de descendre ? Toujours cette façon de parler, façon dont on n'a plus l'habitude dans un monde qui gueule tout le temps, où l'on ne s'entend plus à force de parler en braillant, à voix trop haute. Autrefois, j'aimais lire des poèmes à voix haute et Marie m'écoutait silencieusement, presque dévotement. Marie, ma princesse qui n'est plus. Pour un «je t'aime» que j'aurais dû taire et que, comme un con, je lui avais glissé, alors qu'elle me disait toute sa souffrance de vivre dans un univers pareil, toute sa douleur pour cette violence qu'elle n'arrêtait pas de photographier, des banlieues détruites, déformées, des enfants crevant la faim, des malades n'ayant plus de larmes pour envisager de vivre, juste la dérision de la résignation.

Se résigner ? me disait Marie, on ne peut pas se résigner à accepter tout cela, il faut faire quelque chose ! Je ne sais pas, merde ! Changer le monde, arrêter le cours du temps, revoir nos belles idées à la con, lutter ! On ne peut pas se laisser submerger ! Se laisser envahir par la paralysie, annihilés, ne plus bouger, stop ! Feu rouge ! On ne passe plus. Mais tu ne dis rien, tu ne dis jamais rien !...

C'était vrai, je ne parlais pas beaucoup ; j'avais mes raisons que le cœur des autres ne connaissait pas toujours ou, tout du moins, ne comprenait pas, n'acceptait pas vraiment. Marie, mon silence, ça l'agaçait, elle avait ses idées, moi les miennes. Ce n'était pas que je fusse résigné, mais je préférais ne plus regarder au-delà de mon propre univers. A quoi ça servait ? A voir un ami se foutre en l'air, un chien se faire écraser, une mère se noyer dans la boisson, la misère, c'est comme les maladies d'enfance, ça ne s'en va jamais, toujours çà et là des traces, la crasse qui ne veut pas disparaître, les taches de sang de Barbe-Bleue, les miettes du petit Poucet bouffées par les oiseaux. C'était pas du Mozart violoné sur les divans à la Musset, les petits biscuits secs à tremper dans les tasses en porcelaine, les madeleines du souvenir, moi, c'était plutôt la môme Piaf dans les rues à grelotter, c'était la rue Saint-Vincent, la Belle de mai, les roses blanches, enfin tous ces trucs populistes populaires, les assommoirs en vrac, les germinal à la rescousse. Les miséreux, les besogneux. On ne les montre plus du doigt, aujourd'hui on les oublie, on les ignore. On les efface.

Marie, ça, elle ne le supportait pas, elle ne concevait pas que je ne veuille que lui faire l'amour et pas changer le monde. Pouvais-je changer le monde ? Quelle prétention ! Et pourquoi changer le monde puisque, de toute façon, l'homme, le truand de cet univers, n'avait jamais pensé qu'à accumuler du pouvoir pour casser la gueule au plus faible que lui ? Depuis toujours. L'histoire avec un grand H, le coup du bon samaritain. Les boucheries, les saloperies... Le malheur des cons. Le bonheur des fourbes. Et comme je n'étais pas très futé, ni rusé, ni malin, mais seulement humain, j'en ai pris plein la gueule dès mon plus jeune âge et ça n'a pas cessé. Alors quoi, leurs révolutions, ça me faisait bien rire, c'était de la boucherie, ça aussi. Marie, ça la faisait vraiment chier tous ces propos que je lui clamais quand elle prenait ses airs de *Pasionaria*.

J'aurais dû faire plus attention. Arrête de vouloir faire que l'amour. A ma façon égoïste, samaritain moi aussi ; ou plutôt, missionnaire. Des b.a. rien que pour nous. Du scoutisme érotique. Des câlins et des sucreries. Parce que moi je t'aime, tu comprends ça ? Non ! tu m'emmerdes avec ton amour, ça ne suffit pas l'amour, ça me suffoque ton amour à la con, regarde donc autour de toi !… Mais justement, je ne voulais plus, plus voir la grisaille de la vie. Je voulais du rose, du bleu, du soleil. Pas de gris, pas de noir, pas de tristesse. Je t'aime et je m'en fous du reste ! Elle avait baissé les yeux, Marie, ça avait dû lui faire vachement mal, j'aurais dû être tant soit peu attentif. Pas mes petites attentions, mais attentif à ce qui se passait dans sa petite tête. Merde. Comme un connard ringard, je croyais que l'amour éternel aurait suffi, surréaliste à la manque, la femme, c'est l'avenir de l'homme, du monde, c'est fait pour aimer, être aimée. Cessons, Marie, ce petit jeu de massacres, aimons-nous. Ce n'était pas de la poésie qu'elle voulait, Marie, trop de poèmes par cœur à l'école, c'était de l'espoir ; mais pas un mot, du vrai de vrai, du costaud plus lourd que cent ou mille mots, espoir qui deviendrait réalité. Des rêves, elle ne savait plus quoi en faire, je lui en avais trop offerts, avec mes roses parfumées et mes anémones flétries. Elle était partie, les yeux remplis de larmes, j'avais pensé à un petit chagrin, un parmi tant d'autres, provoqués par nos petites disputes. Dialectique amoureuse à la con.

Je ne pouvais pas savoir. Enfin… si, pas voir, au moins prévoir… Rien de tout ça. Son espoir, elle ne l'avait vu qu'au bout d'une corde. Madame Chose m'avait dit que ce n'était pas de ma faute et que vraisemblablement, dans la tête de Marie, depuis longtemps, rôdait cette idée du suicide. N'empêche, moi qui me croyais fort, qui croyais l'aimer plus que tout, je ne l'avais pas comprise.

N'empêche, même madame Chose n'avait rien ajouté à cela. Et moi non plus. A part la douleur...

Réfléchir.

Agata m'avait annoncé de sa voix douce que nous arriverions à Catanzaro Marina en fin d'après-midi. Là, nous aurions trouvé un petit hôtel discret pour passer la nuit. Et le lendemain… Le reste avait disparu, elle n'avait rien ajouté ou peut-être le bruit du train avait effacé le petit bout de phrase suivant. Perdu dans mes rêves, je n'avais prêté que très peu d'attention à ce qu'elle me disait.

J'avais besoin de médicaments, vu mon état extrêmement excité, d'un de ces cachets cachés au fond de mon sac et que, depuis quelques jours, j'avais évité de reprendre. Je l'avais écrit dans la lettre à madame Chose, qu'elle sache bien que j'étais guéri et que je prenais mes distances avec elle, en tant que patient. Je ne voulais, entre nous, désormais, qu'un rapport d'une profonde amitié. L'avait-elle compris ? Un thérapeute, ça devrait piger assez vite, ils ont fait des études pour cela. Et une thérapeute ?

Réfléchir. Si je reprenais un train en sens inverse, je risquais de ne plus jamais la revoir… Réfléchir. Si je prenais une chambre à l'hôtel, près de la mer et puis, après avoir pris note des horaires, si j'allais à la gare toutes les deux heures pour attendre ma bien-aimée ? Mais si ces Japonais n'avaient pas été des touristes ? Comment s'appelait la mafia japonaise ? Cinéma ! Pas tant que ça… S'il ne s'agissait pas de Japonais, il s'agissait de Siciliens… ou, plus logiquement, de Calabrais, puisque nous étions en Calabre. Quoi de plus normal que trois voyageurs contemplant la beauté de cette femme sous la pluie ? Et pourquoi ne pas s'inventer une histoire à dormir debout ? Une excuse ? Une tactique à la con pour aborder la belle étrangère ? N'importe qui à leur place aurait fait la même chose, les Italiens, c'est bien connu, n'est-ce pas ?

Réfléchir… Non, dormir. D'ailleurs, nos tickets indiquaient

Catanzaro Marina. Le cachet me faisait du bien, j'allais bientôt me plonger dans un sommeil réparateur. Je ne pouvais pas l'avoir perdue, je ne l'avais pas encore trouvée.

La littérature de gare et la science médicale me donnaient un sacré coup de main. J'en avais vraiment besoin. La vitre sale laissait entrevoir un rayon de soleil. Encore un mirage de lumière, mais il réchauffa mon cœur.

Chapitre sept

Les vagues semblaient ne jamais se lasser, avançant, reculant, dévorant peu à peu la plage, recrachant des bouts de quelque chose, des valises démembrées, des branches d'oliviers, des poupées émules de la Vénus de Milo, des sacs en plastique, des chauffe-eau rouillés, des bouteilles sans messages, sans présages, des algues entremêlées, des pantoufles, des boîtes de conserve... Un marché populaire ouvert à tout le monde, dont la mer et la plage payaient les frais des dégâts.

Satisfait par l'odeur de poisson et le fouillis des poubelles, un chien sans maître s'amusait à renifler les fragrances de l'automne qui s'offraient généreusement à lui.

Nous étions seuls, lui et moi, sur ce bout de littoral de fin du monde, au milieu de détritus sans âge, caressés par le sirocco, dérangés de temps en temps par quelques gouttes d'averse soudaines.

Au bastingage de notre plage déserte, nous regardions s'envoler les embruns, écoutant le bavardage du vent chaud et des flots.

Pas de sirènes à l'horizon, pas de vaisseau-fantôme, pas de phare. Rien qu'une brume fastidieuse, fin de siècle, rien que des nuages gris-baroques, des chemins de pluie au sein du ciel et des barques renversées, sagement en attente.

Seuls sur la plage, le chien et moi ; je m'aperçus donc immédiatement qu'une autre personne avait envahi notre espace poétique. Presque mythique. Un poète raté et un chien abandonné. L'histoire de la poésie, au rayon bas-fonds de la bibliothèque mondiale, à un pas de l'enfer…

Mais l'intrus qui fit cesser la quête du merveilleux au chien, roi des Puces, surréaliste à la recherche d'un objet-nourriture copieux, qui fit lever le museau et grogner l'ami vagabond, qui me fit tourner la tête, alors que j'étais perdu dans les rêves de la troisième vague prête à échouer sur la grève des amants désunis, me mit des frissons dans le dos.

Cet intrus, ce quidam qui s'approchait rapidement de moi et, malgré les aboiements du chien qui, je ne savais pourquoi, prenait ma défense, était le moustachu qui avait, dans le train, emprunté définitivement ma valise.

Par nature peu physionomiste et, en plus, le ciel n'était pas très pur, enfin, pas plus pur que mon cœur, mais là, la mauvaise mine, la mauvaise haleine, la sale gueule du sale bonhomme, du bougre crasseux et moustachu, en un mot vulgaire mais précis, de l'enculé de voleur, était reconnaissable ; d'autant plus, qu'après avoir donné un coup de pied à la pauvre bête venue me secourir et qui s'éloigna en glapissant, il se retrouva à quelques pas de moi, avec un pistolet à la main, comme dans les mauvais rêves que, chez nous les déprimés, les spleenétiques, les mélancoliques, on appelait plutôt cauchemar. Rêver sur la rive et voir arriver un type crapoteux un colt rivé au poing, avait de quoi vous flanquer une sacrée frousse.

Mauvais quart d'heure ! cogitai-je, regrettant de ne pas être dans mon train ou ma petite chambre d'hôtel avec vue sur la mer attendant la venue de ma belle disparue, d'une gare à l'autre, à quelques kilomètres de mon désarroi. Ma valise ne lui avait donc pas plu ? Mes slips et mes pulls n'étaient pas à son goût ?

Un tantinet violente comme réaction, quand même…

Sur cette plage, sous les crachats dispendieux et enquiquinants du sirocco, tremblant de chaud et d'effroi sous la menace d'un revolver, je cherchai à me rappeler comment s'appelait la figure de rhétorique permettant de suspendre une action, détourner l'attention. Ça devait être un réflexe nerveux, une fuite de la réalité comme celle des autruches. Je me rejouai le film au ralenti ; renâclant à mourir, je voulais comprendre comment et pourquoi je me retrouvais à quelques pas de la mort, sans l'avoir vraiment cherchée. Les virgules de l'existence m'ont toujours tracassé, depuis longtemps.

Le moustachu se rapprocha encore. Je percevais déjà les mauvais relents de sa bouche baveuse, le mécontentement de son esprit tordu, la haine dans son regard. Dans le mien, la peur. Que dis-je, l'épouvante… C'est toujours quand on espère quelqu'un, que quelqu'un d'autre arrive, une augmentation et c'est le chômage, la vie et c'est la mort, la joie et c'est la peine. L'univers humain est toujours en décalage. D'ailleurs, cela valait pour moi comme pour l'autre, l'intrus, car lui non plus ne s'attendait pas à recevoir ce qu'il allait recevoir. Moi, je priais dans mon jargon préféré de vols pindariques, j'accumulais les images des visages aimés que j'allais bientôt retrouver, ou oublier, définitivement, parce qu'une chose était sûre, le type voulait me tuer. Un frère de Camarda probablement, le marin au fond du détroit, peut-être un cousin Camardo… Dans les yeux du type, outre une forte antipathie pour ma petite personne, une lueur de folie que je connaissais bien pour l'avoir rencontrée dans certains couloirs que je fréquentais autrefois, du temps de ma maladie, seulement il n'y avait aucun infirmier prêt à jeter la camisole de force sur le dos du forcené en question. Il fallait trouver une voie de secours, une issue secondaire, une sortie des artistes, police-secours, un coup de Jarnac ou une ruse débonnaire, genre opossum évanoui, ou me concentrer à mourir. Chercher à comprendre linguistiquement ce qui n'allait pas, entre lui et moi, alors qu'il ne parlait pas la même langue que moi ? La dialectique en avait laissé bien d'autres au tapis. Allez donc essayer de parler thèse, synthèse et antithèse à un futur meurtrier ! Je ne connaissais pas son métier d'autrefois, chose la plus cocasse de ce monde. Pourtant, n'ayant plus comme ressources que mes cordes vocales, même anéanties par la peur et la sueur dégoulinante due également au sirocco, je me mis à réciter du Baudelaire. Sans verre à lui offrir, je lui offris des vers et en sus *Le vin de l'assassin :*

«J'implorai d'elle un rendez-vous / Le soir, sur une route obscure / Elle y vint ! - folle créature ! / Nous sommes tous plus ou moins fous !»

Il me poussa violemment d'un geste de rage et mon nez caressa le sable humide. Cet être insensible n'aimait pas la poésie. Il commença par me ruer de coups de pieds alors que j'agonisais, mon sac à dos au creux de mon ventre, sous un ciel sombre et implacable, étranger comme tous les nuages, poète comme tous les étrangers, délirant comme tous les êtres frappés. A partir de là, je ne vis plus grand-chose ; à partir de là, je murmurai les noms chéris, je déclinai mentalement et physiquement sans vergogne vers les territoires de Perséphone en récitant silencieusement mes dernières prières mélancoliques et, à ce même instant, ou peut-être un tout petit peu après, je sentis sur moi le poids de l'assassin qui venait de s'écrouler, victime résignée sur mon pauvre corps ivre de douleur. Un infarctus ! supputai-je, un cas exceptionnel d'intervention divine, un miracle, un coup de dés abolissant à jamais le hasard qui ne faisait pas toujours bien les choses mais qui, cette fois-ci, accomplissait un vrai tour de force ?

Un simple coup de feu, égaré dans le bruit des vagues montantes, dans le cri des mouettes en déroute. Le miracle, l'intercession divine, s'appelait Agata.

Belle et inquiétante, préoccupée de ma destinée, elle avait observé la scène de la fenêtre de ma chambre jusqu'où ses pas intelligents l'avaient guidée, après être descendue du train. Elle possédait donc, elle aussi, une de ces armes qui frappent tant et mal l'imagination et le reste de tant de personnes ? Oui, elle m'expliquerait plus tard. Pour l'instant, appuie-toi sur moi, tiens-moi fort dans tes bras, donne-moi ton sac. Tout le monde le voulait, qu'y avait-il donc dans ce sac, que tout le monde désirait ? Mes poèmes griffonnés sur un pauvre calepin flétri. Un peu comme mon cœur *flétri par la cohue*. Allons doucement, cesse de dire des bêtises, tu ne risques plus rien. Je ne m'inquiète plus, désormais, et *je te donnerais ma brune Des baisers froids comme la lune* puisque je reviens moi aussi d'un pays lointain, d'un pays d'où, en général, on ne revient pas, sauf quelques-uns dans la littérature, des noms en é, Orphée, Enée, Thésée et Odyssée et moi qui m'appelle… mais quel est mon nom déjà, le sais-tu seulement ? douce libératrice, qui me tend les mains, qui réchauffe mon cœur et tout cet émoi ? Allons tais-toi veux-tu, et *tiens-toi plus tranquille*, bien sûr que je te connais, que je te reconnais, plus tard je t'expliquerai.

Elle m'expliquerait, ma tendre Agata, elle me dirait toute la vérité et je lui parlerais de Frédo et de ses paradis artificiels et lui raconterais nos aventures de Naguère quand on était beaux et jeunes et inconscients et ce con de Frédo qui n'avait pas eu le temps de prendre son temps et qui avait anticipé sa mise en demeure, sa mise en stand-bière, bye bye forever...

Le chien revint et nous lança un aboiement discret pour ne pas nous déranger dans notre petite anabase vers le haut de la plage, après la descente infernale, la remontée vers la chambre d'hôtel où un lit nous attendait, thalatta thalatta reprenait de plus belle son roulis déchaîné et en même temps enchaîné, la mer recommençait ses étreintes à jamais...

N'étions-nous pas en un certain sens chez les Grecs ? Irions-nous bientôt de l'ubac à l'adret ? Vague montante, vague descendante, la tristesse et la douleur déformaient la couleur de mes yeux en teintes de larmes. On avait beau pleurer, les choses ne s'arrangeaient pas comme cela. Auprès de ma brune, il faisait bon marcher. Elle m'avait sauvé la vie, que ne l'aimais-je pas aussitôt ? Sans le lui dire, néanmoins. Si un mot pouvait faire mal, c'était bien celui là. Je le savais. Etais-je donc condamné à ne jamais avouer mon amour ? Qu'importaient les mots, puisque elle était là, à mon bras, enfin moi au sien, boitant ma douleur et ma mauvaise aventure, remerciant mon étoile et sa mire, elle m'expliquerait, avait elle dit, ne t'inquiète plus de cela, repose-toi... Elle m'expliquerait...

Y ai-je vraiment cru un seul instant ? D'ailleurs, ses explications seraient vraisemblablement dignes de celles de la Pythie. Si je voulais l'écouter, il faudrait me purifier dans les eaux de Castalie. La poésie avait ses droits et ma muse Agata ses ayants droit. Je lui devais bien cela.

Nous fîmes l'amour malgré les douleurs et les bleus et cette tendresse amoureuse fut comme un baume bénéfique posé délicatement sur les plaies de l'existence. On aurait pu croire que je m'en sortais assez bien, que je n'avais pas l'air préoccupé, ou si peu, par ce qui se passait dans ma vie, ce n'était pas la vérité. L'apparence trompe, même dans un magasin de porcelaine. Dans ma petite tête, mille questions, mais aucune n'obtenait de réponse. Agata, splendide beauté aux yeux noirs et à la peau ambrée, fille méditerranéenne, sirène enchanteresse, diablesse aux mains guérisseuses et aux lèvres charnelles, trouvait d'autres points de discussion. Nous élaborions, elle et moi, une espèce de dialogue de sourds dans lequel nous nous entendions à merveille. Quand ma voix s'élevait dans les airs pour affronter un débat sérieusement, le débat se transformait en ébat, ses lèvres chuchotaient des choses à ne pas dire en public sous peine d'encourir de grosses souffrances. Elle murmurait toute la richesse des siècles passés des rapports amoureux, de n'importe quel point de vue nous nous placions, elle avait toujours raison de moi, sous toute latitude, ou longitude. N'était-elle pas fille de l'Orient et de l'Occident, berceaux des cultures ? Outre le fait qu'elle possédait certainement du sang d'Afrique, berceau du rythme. Les heures que nous passâmes ensemble dans le grand lit d'un hôtel désert, où les habitants du lieu avaient le don de la discrétion, furent les heures les plus belles de ma vie. Même Marie n'avait pas su toucher certaines cordes. J'étais ensorcelé, j'en étais venu à douter de Marie. Ma vie passée était engloutie dans la séduction perverse de cette admirable déesse, venue de je ne sais où pour me choyer, me sauver, me guider, m'aimer.

Que savais-je de la vie, en dehors de souffrances, abandons, oublis ?

Maman m'oubliait souvent à l'école maternelle, le soir, je restais sous le préau sombre et, la plupart du temps, c'était la voisine qui venait. Une fois, j'avais fait caca dans ma culotte et on avait mis ma culotte sale dans du papier journal que je devais tenir près de moi, tandis que j'attendais maman. Ce n'était pas l'odeur qui me gênait, enfin un peu tout de même, mais surtout la honte du papier journal, près de moi, au lieu des bons points, la honte. Les dames aux tabliers bleus, enfin certaines d'entre elles, qui s'occupaient de nous, auraient dû être un peu plus délicates et éviter les commentaires. Un gosse de trois ou quatre ans, ça comprend la honte. Après, je n'ai jamais pu lire un journal sans penser à cette fin d'après-midi sous le préau. D'ailleurs, j'ai fini par ne plus lire de journaux du tout.

Quant aux abandons, à foison… Je connaissais des copains d'école à la vie bien tracée, toute droite, une autoroute, sans embuscades, sans gros accidents, sans poids lourds envahissants, sans piétinement, un parcours linéaire, normal, sans personne pour les lâcher un seul instant, parents, amis, amours, rien. Une vie qui, à bien regarder, dans sa perfection, pouvait être légèrement ennuyeuse, la même maison dans le même quartier, les mêmes amis, jusqu'à leur femme rencontrée à l'école primaire. Les mêmes commerçants, les mêmes arbres sur les mêmes trottoirs. L'ennui ? Non, heureux, terriblement heureux, avec tous leurs cahiers d'écoliers à la cave ou au grenier, les osselets, tous les prix d'honneurs, les médailles, les lettres, tous leurs souvenirs bien emballés dans du fin papier de luxe. Jamais trop de questions. Admirables. Aucun doute, aucune fissure, aucun craquement. D'ailleurs, je ne suis plus passé dans le quartier, j'aurais eu mal à les revoir…

La nuit, le matin, le jour d'après, nous n'avions aucune hâte, nos désirs finissaient par devenir un. Notre désir. Nous avions le temps. Agata ne semblait pas soucieuse du mort sur la plage qui, à cette heure-ci, flottait vers la Grèce ou la Libye. Moi, tout ça me faisait un peu peur, tout de même, cette femme qui pouvait tuer un homme et tout oublier dans le plaisir des sens. Mais bon, comment pouvais-je refuser ses caresses, ses baisers que, généreusement, elle m'octroyait ?

Il y avait bien une petite voix, dans ma tête, pour me tourmenter de temps en temps, méfie-toi ! tu risques gros ! fais attention ! ce n'est qu'une illusion ! Mais j'en étais venu à me raconter des trucs, nous ne nous séparerions plus jamais, nous resterions toujours dans cette chambre d'hôtel, face à la mer, de plus en plus grosse, en proie au sirocco gluant et tenace.

Là, dans ces bobards mentaux, tout allait à la perfection, jamais d'inquiétude, de l'amour, du vrai, du sexe également, beaucoup, et un peu de poésie, même si Agata m'avait déjà exprimé son point de vue sur la question. J'étais sûr qu'avec le temps, elle apprécierait, elle aussi, les vers de mes poètes préférés.

Tellement essoufflés par la recherche insistante de nos deux corps, nous ne parlions presque plus ; seuls les moments où nous nous levions pour chercher la nourriture, que l'on nous apportait et laissait discrètement devant la porte en frappant deux ou trois coups légers, venaient interrompre le rythme effréné de nos ébats. Ce devait être ça, le bonheur. L'entente des mésententes, l'accord des désaccords. Il n'y avait rien qui pût nous lier d'une façon ou d'une autre et pourtant nous en étions là, avec nos bagages d'ambiguïté et de malheurs, sans nous poser trop de questions sur le lendemain. Bourré jusqu'au plus profond de moi de notes du jadis, naguère, autrefois, désabusé par un présent récent, pourquoi aurais-je dû me casser la tête pour un futur dont je ne pouvais rien prévoir et auquel je ne voulais pour rien au monde être attaché par quelque fil d'espoir bien tressé, envisager une suite, un lendemain, un lent demain sans plus après ni avant ? Un lent demain présentable et au présent. Voilà tout ce à quoi j'aspirais. Avec les dernières bouffées de nos cigarettes, dans une chambre qui ressemblait de plus en plus à un champ de bataille.

Métaphore de la guerre, banale jusqu'à la poigne de nos étreintes, mais tout cliché a son propre avantage, celui d'être parfait au moment le plus parfait et parfois, le plus difficile, quand les mots viennent à manquer.

Oui, malgré les oreilles superfines, les ouïes intelligentes, les yeux clairvoyants, les narines audacieusement et délicatement sensibles, malgré tout cela et le bon goût, nous étions comme des guerriers de l'amour, nos armes rengainées, couchés dans l'étendue de notre plaisir amoureux, étendus dans la couche de notre jouissance, après le combat long et exténuant, nous goûtions le plaisir des sens assouvis, nous savourions la joie des amants, juste quelques instants de répit avant de reprendre l'exploration à l'aide de nos membres déchaînés, avant de repartir vers Cythère, vers les terres si agréables au toucher, au goûter, à tous les sens et même les interdits, les prohibés. Ceux de nos cœurs censeurs et nos corps en sueur.

Trop de mauvais goût pour la fantaisie ? Trop d'accoutumance à l'imagination, *la reine des facultés* ? Deux êtres humains, dans notre cas un homme et une femme, nus, au creux d'un lit, récitant toutes les connaissances habituelles du genre mais improvisant tout de même, çà et là, le temps d'un soupir, tâtons de cela, reprenons-en un tout petit peu, en veux-tu, en voilà, une bouchée à peine, ah ! la saveur de ces instants timides, qui renouvellent le répertoire, recréent l'atmosphère, éliminent les frontières, rien à déclarer sauf, ça et là, quelques oripeaux de caresses nouvelles, oh rien de très important, du bric-à-brac à profusion…

L'attirail de deux amants en offre spéciale, sur un lit de camp, nourritures des corps, passions des cœurs, dépêchez-vous messieurs-dames, il n'y en a pas pour tout le monde, profitez-en.

Agata ma belle, où es-tu ? Après deux jours et deux nuits, le lit était vide auprès de moi. La dernière nuit remplie de cauchemars. En ce petit matin, triste triste triste, j'avais mal et j'avais chaud, car le sirocco installé confortablement dans toute la région n'avait pas l'intention de nous quitter. Les matins comme ça, je me revoyais dans ce petit troquet de Saint-Germain avec mes amis et ça me faisait mal mal mal. Trop mal.

La pluie jouait des claquettes le long des golfes amers... Au petit jour, dans ce bar de Saint-Germain, nous écoutions les bruits des flippers qu'un paumé de la veille faisait méthodiquement tinter de tilts bruyants et nous, une pièce de monnaie dans le juke-box, nous écoutions le divin Nougaro et le merveilleux Trénet jouer avec les mots sur les musiques, fanfares sonorisées, de nos émois. Marie et moi, et Frédo le vague à l'âme, au milieu de quelques autres désespérés. Devant nos tasses ébréchées de café-crème, nous devisions de silences austères, les yeux cernés et le cœur gonflé d'incertitudes. Encore une aube à traverser, les doigts tachés de nicotine, les voix pâteuses, l'envie de vomir à l'aurore d'une longue journée-avenir à venir. Les plus courageux affronteraient le bruit des foules, le croassement des grenouilles dans la mare des y-en-a-marre mais il faut bien, larguez donc les amarres puisqu'il faut s'embarquer, les autres, les moins courageux iraient se coucher jusqu'au prochain crépuscule, pour ressortir leur ego et le noyer de nouveau dans les ombres fragiles de la nuit. Nos calendriers en savaient long sur l'écoulement du temps, tirez par ci tirez par là, l'élastique à la fin pètera. Nous nous contentions de peu, il est vrai, de quelques mendicités quotidiennes pour réglementer nos désirs. C'était la fin du monde, on nous l'avait assez raconté dans nos catéchismes d'incroyables incroyants. La vague démesurée qui nous enveloppait sans nous lâcher, nous emmenait malgré tout à la dérive, d'une île à l'autre. Toutes ces aubes se ressemblaient, les mêmes images se présentaient à nos yeux trop ébahis de lumière nocturne, clignant à cause de la pesanteur du soleil noir qui éclairait nos premières rides. Nous savions rester là, des heures et des heures, devant nos tasses vides malgré les grognements du patron au zinc de son tiroir-caisse qui n'en pouvait plus de râler contre tous ces foutus bons à rien sans un sou à dépenser. Alors quelqu'un, *d'un geste grave* comme disait si bien le bon géant Brel, se levait, entraînant dans son échappée même les plus titubants et tout ce petit monde sortait affronter les trottoirs et leurs crottes mal élevées des chiens du quartier, en se dirigeant inéluctablement vers une destinée encore imprécise mais univoque. C'était notre taedium vitae, à nous, petits romains de la romance-décadence et banlieusarde ou provinciale en proie aux affres de la capitale trop grande pour nous, trop peu généreuse pour nos curriculum vitae vite vidés de sens professionnel. Slalomant entre les couvercles des poubelles et les rigoles débordantes, nous cherchions un endroit propice pour imaginer quelque vérité un tant soit peu dérisoire qui aurait pu nous permettre l'odeur de l'espérance, le parfum d'un espoir à nous remplir les tronches jusqu'au soir. Pas besoin de lire Proust ou de connaître Bergson, en ce qui concernait le temps qui passe. On ne se lassait jamais à le regarder passer. Bien sûr, certains décrochaient. On ne les voyait plus, alors, dans nos rues habituelles, rentrés au logis de leur banlieue préférée, retournés au paradis des chiens perdus. Comme disait si bien le poète Aragon chanté par le magnifique Ferré, *on n'a pas tous les mêmes cartes*, même en trichant, ça ne marche jamais. La corde s'use, c'est inévitable, même l'as fourré dans la manche ne vaut plus grand-chose quand on le sort, il n'émerveille plus, il ne sert plus à rien. Marie, Frédo et quelques autres, renvoyés ad patres se faire voir chez les Grecs ou ailleurs, réviser leurs leçons. Ça leur apprendra, ils n'avaient qu'à y mettre un peu du leur, un petit effort, pour faire bonne montre de soi, au tableau de la commission réunie pour nous juger.

Noir le tableau, blanc le bout de craie. Noms et prénoms, il en restera bien quelques traces, quelques traînées de bave comme les escargots, quelques souffles de vie, blanche, la craie qui écrit une vie en rose, un astre noir, un monde gris. Une petite liste, dressée pour l'éternité, des bons et des mauvais élèves. Frédo, Marie, la honte à jamais. Sortez.

Non… ils n'étaient pas sortis comme cela, ils ont eu quand même le temps de voir ce qu'ils avaient cherché toute leur vie, mais qu'ils avaient du mal à exprimer.

Je me suis réveillé comme ça, au matin, j'ai pensé à eux, comme ça, pas très bien, comme qui dirait levé du pied gauche, ou droit, enfin de mauvaise humeur, mais pas vraiment de la mauvaise humeur, plutôt quelque chose d'imprécis, d'indicible, un lever de soleil, une aube pas nets, des fourmis dans les méninges à vous laisser tomber des doigts la brosse à dents, ou à mettre de la mousse à raser à la place du dentifrice et vice-versa.

Agata, où es-tu ? Reviens ma belle, reviens auprès de moi, reviens me câliner ! Je n'aime pas cette absence chagrine qui commence à m'angoisser...

J'allais donc faire un saut sous la douche, l'eau froide revigorerait mon pauvre corps meurtri, l'eau chaude enlèverait les débris de détresse matutinale, l'eau tiède rincerait le tout, accompagnant le malaise jusqu'au petit trou perforant la porcelaine et là, conduite d'eau magique, tout cela disparaîtrait et ma douce Agata ressurgirait. Englouti, le vertige mélancolique.

En revenant de la salle de bains, je m'en suis aperçu. Ce n'était qu'un tout petit détail, j'aurais pu m'en rendre compte bien avant, mais l'amour détend et rend confiant. Près de mes vêtements convenablement pliés, mon petit sac à dos n'était plus. Il avait disparu. Comme Agata. Mon petit sac, dont j'étais si jaloux, contenant mes peines et mes écrits, mon calepin à moitié vide et raturé, et mes lettres, mes timbres, mes médicaments anti-douleur et mes livres de poésie, s'était volatilisé.

L'occasion faisait le larron. Je n'en croyais pas mes yeux, bien au fond des poches. Qui mal y pris mal y rit. Bonsoir la compagnie ! Qui va à la chasse perd sa place. Pigeon vole. Con comme un balai !

Et pourtant non, cela ne pouvait pas en être ainsi ! Il me fallait la justifier, je la justifiai. On n'avait pas passé les derniers jours ensemble serrés dans une étreinte longue comme l'éternité, comme le jour le plus long, pour rien. Comme des sardines en boîte... Elle est simplement sortie voir la mer. Il y a des jours comme ça, où l'on a envie de voir la mer d'un autre côté, pour changer du spectacle habituel de sa fenêtre. En ce moment, elle se promène sûrement sur la grève et elle pense à moi. C'est pour cela qu'elle a pris mon sac, pour lire les livres. Ah ! que c'est facile de se faire du cinéma ! même quand on sait très bien que ça ne sert à rien, que la réalité est là, sous les yeux, avec toute sa cruauté, avec l'inévitable chant de douleur, conséquence fatale de toutes les questions sans réponses qui naissaient dans ma tête, alors que je ne voulais rien d'autre qu'une possibilité de bonheur. On ne devrait pas s'inventer des trucs impossibles avec la certitude de ne pas y être préparé. Un trop-plein de bonheur, ça risque de faire mal, quand ça déborde et dégouline de tous les côtés. Plus le bonheur s'épanche à l'envi, plus on devrait se douter, tout du moins certaines personnes, qu'il y a danger de noyade, risque d'électrocution. Toute cette abondance de bonheur était suspecte, ce n'était pas normal. Les contes de fées, ça n'existait pas. Il y avait des limites. Un type comme moi, n'avait pas le droit à tant de joie ; un peu, quelques heures, entre un train et l'autre, sans trop lever le regard vers le ciel bleu pour ne pas rester aveuglé par la pureté des jours.

Et pourtant j'y ai cru, je me suis laissé embarquer dans ce bateau pour trouver un havre de paix. Quand je recevais des bons points que la maîtresse en général avare ne donnait qu'à certains, il me semblait que, pour une fois, je pouvais moi aussi être différent de ce que j'étais. Les dictées me plaisaient tellement que je m'attablais au travail, le cœur plein d'entrain. Bons points, bonnes notes, sourires de la maîtresse. Considération jalouse de mes camarades. Et puis après, retour à la maison froide, sans goûter, sans rien que le spectacle désolant de ma mère accoudée au zinc ivre de débauche alcoolique. Un petit verre pour elle, un bon point pour moi.

Le temps passait et elle ne revenait pas, elle ne reviendrait plus. Je le savais. La petite voix timide qui me murmurait méfie-toi !, maintenant, s'amplifiait, tu le savais bien idiot ! je te l'avais pourtant dit…

Ce fut seulement quand on frappa à la porte, que mon cœur eut comme un sursaut d'anxiété, et si elle avait été victime d'un accident, lors de sa promenade ? Mais les quelques pas qui me séparaient de la porte furent pénibles à faire, une distance infinie, un geste difficile à accomplir, un pied derrière l'autre, un dernier regard chagriné à l'alcôve, la main sur la poignée, la main au collet, la porte ouverte brusquement…

Les énergumènes qui m'emmenèrent au commissariat le plus proche, avaient des manières assez brusques, des manières que je connaissais bien, elles se ressemblent dans tous les coins du monde. Peut-être n'avaient-ils pas eu le temps de suivre des cours du soir de bonnes manières ou bien avaient-ils trop de choses à faire avant la tombée de la nuit ? Enfin, je n'avais, moi-même, pas le temps de m'inquiéter, les menottes aux poignets me serraient désobligeamment. Le pouls battait trop fort malgré tout. L'émotion s'échappait au-delà de l'acier, l'émotion d'une longue nuit à venir sans Agata. L'émotion d'une journée qui venait de commencer. Mal.

Et ils n'avaient même pas eu l'amabilité de me demander si j'avais déjà pris mon petit-déjeuner…

Chapitre dix

La prison avait du bon. Le sage trouve toujours quelque chose de positif dans la tragédie. D'une certaine façon, la prison était la suite logique de ma destinée. Après la cellule psychiatrique, lumières tamisées et voix dans les couloirs, je retrouvais la même chose, mais en plus petit et en plus éclairé. Mon voisin, un géant aux cheveux noirs comme le charbon de mon enfance, parlait une langue difficile à déchiffrer. Nous nous évitions, donc, comme il se doit à deux étrangers qui n'ont pas été régulièrement présentés, chacun dans son coin, à méditer l'ennui de la vie, copieusement.

On m'avait placé là, en attendant que le jour de fête soit terminé et que l'autorité compétente daigne m'interroger. Je n'en étais pas un interrogatoire près, si cela pouvait aider la société, à définir, une fois pour toutes, qui était le méchant élève et qui le bon. Jour de fête, m'avait-on dit, aujourd'hui on se repose. Ils auraient pu me laisser encore dans ma chambre d'hôtel, cela aurait fait des économies à l'Etat, mais n'est pas économe qui veut. D'ailleurs, c'était peut-être dans ce même souci d'épargne qu'ils firent sauter mon petit-déjeuner. Démoralisé ? Abattu ? Quel mot, dans le dictionnaire, assez costaud pour définir réellement mon état d'âme ?

Après les jours heureux de l'amour, la dure évidence des mâles. La journée fut longue, sans sortie, sans télévision et sans grands enthousiasmes. Le voisin bredouillait dans son jargon des vérités que seuls les murs avaient le droit de saisir. Quant à moi, qui n'avais même pas un livre à dévorer, ou un crayon pour écrire, il ne me restait plus qu'à dormir. J'étais dans de beaux draps qui étaient loin de me plaire et de me réchauffer. Maman avait gardé, des années durant, l'habitude de venir me border, même quand j'avais grandi, c'était sa tendresse à elle, qui n'en avait plus beaucoup à prodiguer parce que les sales coups de la vie lui avaient ôté même cela, mais elle continuait à venir me border, quand elle n'était pas trop ivre, c'est-à-dire rarement, comme une sorte de protection nocturne, un viatique pour le sommeil, un geste conjuratoire contre les mauvais rêves. A ce propos, elle en savait long, qui mieux qu'elle pour lutter contre les maléfices nocturnes ?

Mais là, dans cette cellule, pas de tendresse, pas de gestes de pauvres, remonte le col de ton blouson, ne prends pas froid. Pas de café au lait chaud brûlant le bout de la langue. Rien de tout cela. Une ouverture avec des barreaux, comme dans les monastères, avec un ciel qui s'oublie, la vie était là simple et tranquille, pour Verlaine, pas pour moi.

Avais-je donc atteint le fond ? Ne pouvais-je plus me libérer du poids de cette ancre qui m'attirait inévitablement vers la fange du sol marin ? Sous les pavés la plage, sous la prison, la gadoue ; embourbé à jamais dans mes exercices de survie, inutilement, à pic, englouti, submergé par le flot sombre. Aucun sommeil protecteur, aucune caresse maternelle sur le front brûlant. Sans espoir, pas de rachat. A tourner en rond sur ma paillasse alors que, dans les foyers comme il se doit, dans les familles heureuses, on fêtait je ne sais quel saint ; je calculais le temps qui me séparait de mes juges, en pleurnichant sur mon triste sort, coupable seulement d'exister et de ne pas avoir eu de chance. Les cartes du jour étaient truquées, les fées absentes, mon karma-l à moi, sans que l'on m'expliquât vraiment ce qu'il aurait suffi de faire pour ne pas finir ainsi. Poète de la déchéance, comme mes mauvais frères de jadis, Villon et Verlaine, sauf qu'eux avaient du talent et s'en sortaient, d'une façon ou d'une autre, grâce à la poésie...

La nuit fut interminable et douloureuse mais, comme toutes les choses, mortelle. L'aube d'un nouveau jour s'installa péremptoire à travers les barreaux et le soleil chassa les nuages gris des jours précédents.

Je prévoyais le pire ; toutefois, l'attente fut brève. On vint me chercher et je fus introduit dans une pièce où deux messieurs à l'air sévère guettaient mon entrée. Mes juges. Votre Honneur, je suis innocent. L'homme devant la balance de la justice ne peut que fléchir.

Or je me trompais, il ne s'agissait pas de juges, mais de policiers qui parlaient assez bien ma langue et qui, gentiment, me posèrent les premières questions.

Les formalités de l'état civil civilement enregistrées, les choses se précipitèrent quand ils me montrèrent la photo d'un type à moustache, un certain Domenico Camardo que, de toute évidence, j'avais un jour croisé. Bien sûr, pas question de tricher. Une tentative peut-être, un zeste de tromperie, mais pourquoi ? Pour qui ? Pour protéger ma petite Agata disparue. Tu crois vraiment que c'est le moment de jouer les lancelots sauveurs ? me suggéra le regard austère d'un de mes anges gardiens. Non, mais moi, la délation, j'aime pas trop.

— Alors vous connaissez ?

C'était gentil, ce vouvoiement de sa part. Encore un qui avait eu de bons enseignants. Attention, cependant, au contexte dans lequel vous vous trouvez, la langue française étant formée de plusieurs niveaux. Et quand vous ne connaissez pas votre hôte, vous vous devez de le voussoyer. Chic type, quand même. Il avait dû apprendre son français sur les classiques, car il employait pas mal de subjonctifs imparfaits.

L'autre, moins gentil, insista :

— Alorrrs, connais ou pas ?

Lui, il avait sûrement eu un autre prof, pas de sujet, un accent horrible à péter le mur du son avec tous ces r à la queue leu leu.

Il allait bien falloir me décider à parler, pour écarter un peu la mauvaise tension en train de se créer dans cette pièce remplie de fumée et de dossiers.

— Connaître est un mot assez curieux… Comment répondre ? Je le connais et je ne le connais pas. Je le connais parce que je l'ai rencontré dans le train Syracuse-Messine et, peu de temps après cette rencontre, ma valise a disparu, mais je ne sais pas qui il est, ni ce qu'il fait. Un kleptomane peut-être ?

Toujours l'idée de protéger Agata. Mais elle, elle s'était bien foutue de toi ; elle t'a embobiné et t'a même volé tes dernières ressources, alors pourquoi chercher à la sauvegarder à tout prix ?

Comme de dire à un type amoureux, ne te fous pas à l'eau parce que ta belle a disparu. Plouf, aussitôt dit, aussitôt fait. Encore une fois, du cinéma ! Du genre L'Atalante de Jean Vigo. Sauf que moi, je coulais parce que je ne savais pas nager.

De toute façon, mes airs de conspirateur, mes allures de prince troublé-troubadour, ne servirent à rien. Pas d'aubade aujourd'hui, pas de ritournelles à ma belle, mais les regards durs de ces hommes cherchant à comprendre s'ils avaient en face d'eux un pauv'type, ou un caïd qui cachait bien son jeu. Mais là aussi, je brodais des idées, des illusions ; ils avaient bien pigé que j'étais le couillon classique en proie aux vents adverses, le looser de la farce, ils avaient bien clair dans leurs esprits pointus que, si je me trouvais là, ce n'était pas de ma faute ; seulement, ils jouaient le jeu du bon et du méchant, du démocrate et du facho, il ne fallait pas trop tourner autour du pot et de la chandelle car le jeu ne la valait pas ; au prix affiché, autant se mettre à table tout de suite, le chef conseillait un menu pas cher avec, en prime, un dessert.

Ils me montrèrent la photo d'Agata. Belle. L'air farouche, comme on peut l'être sur les photos des flics.

Un ange passa. Puis un autre. Un soupir. Celui du policier gentil. Un bon soupir du genre de ceux dans les cinés pornos d'autrefois. Un autre soupir, le mien. Sans prétention. En rien énervé, juste de commisération envers moi-même, comme quand on fait une connerie en s'en rendant compte à la minute qui suit. Un soupir de conséquence. Pas trop étouffé, pas trop fort. Le juste milieu. Comme ceux d'Horace, le poète latin. Un soupir fragile, comme les êtres humains en automne au bout de leur branche, prêts à s'envoler vers les nuages gris. Cueillir l'instant, alors. Oui. Tranquillement. D'une voix encore mal assurée, hésitante, qui ne tenait pas beaucoup sur ses jambes vocales. Dehors, le soleil. Avec un peu de chance, je pourrai sortir d'ici peu et reprendre mon train.

— Oui, je la connais.

— Ben sourrrrrr que tou la connais !...

— Les témoins, ajouta le moins agressif.

Et me voilà à raconter, d'abord mon voyage, à déballer toute la vérité, rien que la vérité. J'en avais vraiment trop bavé sans savoir la raison, alors pourquoi continuer à faire le beau ténébreux, le mystérieux chambré du train jaune ? Ma valise volée, avec mon appareil photo, souvenir d'une première communion, don d'un gentil parrain, ami de ma mère ; le pont et l'agression, par-dessus bord l'intrus, sans le faire exprès ; l'apparition de ma fée, opportune ; le trajet en train jusqu'ici, et la plage. Les coups pris. Le coup de feu. Je ne pouvais pas dire qui avait tiré. Un inconnu ? Le vilain dernier de la classe a ricané, près du radiateur. Le chef de classe n'a rien dit. Et ma fée envolée, après deux jours et deux nuits d'amour. Disparue, sans rien emporter si ce n'était mon cœur chaviré. Et mes papiers d'identité, mais peut-être les avais-je déjà perdus sur la plage et la mer les avait-elle avalés.

Allaient-ils me croire ? Allaient-ils accepter cette part de vérité ? Cette tragi-comédie ?

— Tout ce qui vient de m'arriver m'échappe complètement ! J'étais tout simplement en train de rentrer chez moi, dans mon beau pays, là où la Seine, faut-il qu'on s'en souvienne, coule ses jours indifférents. Je n'ai aucune idée qui pourrait vous aider, vous mettre sur une bonne piste, j'ai déjà assez de mal avec ma vie pour ne pas me mêler à celle des autres ! Agata était une inconnue…

— Et Syracuse ?

— Une ville magnifique ! Je n'ai fait que m'y promener, du soir au matin. Les ruelles, les musées, les églises et le soir, un petit restaurant près du port, non loin de ma chambre d'hôtel. Sans prétention.

Ils me regardaient maintenant en silence, ils se regardaient. Ils m'offrirent même une cigarette après une tasse de café. Cela me fit du bien, je veux dire le café, la cigarette, elle, me fit tousser, je ne supportais pas la fumée à jeun et, depuis hier soir, je n'avais rien dans l'estomac, à part une soupe crasseuse et une tranche de pain. Ils sortirent un instant, me laissant sur ma chaise, face à la fenêtre, j'aurais pu l'ouvrir, l'enjamber et terminer là mon existence, échouer en bas, sur le trottoir, juste en face de la mer ; ce genre d'épilogue aurait plus à Frédo, un quidam sautant trois ou quatre étages et regardant, avant de s'en aller en fumée, le bleu de la mer éclairée par quelques rayons de soleil. Les premiers depuis que j'avais débarqué en Calabre. Comme quoi, on dit toujours que le sud c'est le soleil, mais les offices de tourisme racontent souvent des bobards pour embobiner les voyageurs. Si on m'avait proposé la Calabre et ses plages ensoleillées, ça m'aurait bien fait rire. Plus tard, Ruggéri m'expliqua que ce n'était qu'une mauvaise année, en général il y avait presque tout le temps du soleil et de la chaleur. Mais les saisons ne sont plus ce qu'elles étaient, avait-il ajouté laconiquement.

Ruggéri, c'était le nom du flic gentil.

Quand il est revenu dans la pièce, seul, j'ai compris que les choses s'arrangeaient. Finies les geôles calabraises et viva la libertà !

Dans son français académique, en m'accompagnant jusqu'à la porte, il m'a rassuré, me demandant juste de rester encore quelques jours à leur disposition, mais non pas en prison, non, à l'hôtel, près de la mer. Ils avaient cru ma version des faits, même si l'autre, le cancre, doutait encore mais, malgré tout, bien que ma tête ne lui revînt pas, il s'était plié au bon vouloir de son chef, Ruggéri.

— Ce soir, m'a-t-il dit, je viendrai vous voir, nous dînerons ensemble. Mais maintenant, allez vous reposer, vous en avez vraiment besoin.

— Je vous remercie, mais il y a un petit problème… je n'ai presque plus d'argent.

— Ne vous tracassez pas pour la note ; en tant que témoin d'une affaire crapuleuse, c'est l'Etat italien qui paie. Et nous avons téléphoné à Naples, au consulat, afin qu'ils envoient de l'argent pour le billet du retour. Ne pensez donc plus à tout cela et à ce soir…

Il y a des moments dans la vie d'un homme habitué à voir les choses toujours d'un point de vue négatif, où même ses certitudes de pessimiste invétéré le turlupinent. La vie était vraiment étrange. Un flic gentil, c'était normal, ça faisait très polar soixante-dix. La culture aidait bien les choses. Se cultiver, c'était déjà admettre autre chose que ce qui pointait au-dessous de son propre nez.

Je fus aux anges en retrouvant ma chambre, le soleil avait pris le dessus, la grisaille frissonnait de honte derrière le bleu du ciel. Ma chambre vide. Un lit vide, refait, mais vide tout de même. J'aurais aimé y retrouver Agata. Mais cela était impossible. Les fées, quand elles s'en allaient, avec votre ultime bagage, laissant le vide et la poussière, ne réapparaissaient jamais. C'était leur sort.

Le mien, pour l'instant, était celui de dormir…

Les personnes âgées ont souvent des stéréotypes, des manies, des habitudes. Près de chez nous, une petite vieille faisait des kilomètres pour aller acheter son pain dans un quartier où, disait-elle, elle se sentait plus à l'aise et où le pain, à son avis, était meilleur que celui du boulanger du coin. En réalité, le pain était le même, les deux boulangers en question étaient les simples revendeurs d'un unique fournisseur qui, tous les matins, à cinq heures, ravitaillait à toutes les boulangeries à la ronde.

J'aimais bien les petits vieux, leurs gestes, leurs sourires, leurs démarches. Je les aimais bien assis sur leur banc, à regarder passer les jeunes gens ou à discuter des jours passés. D'abord, on apprenait toujours quelque chose avec eux et, jadis, on les écoutait un peu plus souvent qu'aujourd'hui. Du reste, on les gardait chez soi, on avait soin d'eux, de leurs besoins, on les soignait avec des petits plats bien choisis et, quand on avait des doutes, des ennuis, ils étaient toujours heureux de vous répondre, de vous aider. La magie de leurs mots éclairait la pièce et réchauffait les cœurs. Moi, je n'avais pas eu de grands-pères, juste une grand-mère et pas longtemps. Elle était morte un soir d'été, son cœur avait lâché, paraît-il, j'étais trop petit, je ne me souvenais pas très bien. C'était à la campagne, ma grand-mère connaissait toutes les herbes, toutes les plantes, elle avait pour chaque maladie un remède. Sauf pour la sienne, bien sûr, puisqu'elle était morte. Elle avait trop de cœur pour les autres et pas assez pour elle. Elle ne lui en avait jamais voulu, à ma mère, d'avoir fait un gosse sans père, sans rien, sauf le contrôleur des trains, mais lui, ça ne comptait pas ; elle m'aimait beaucoup… Des images dans ma tête ne s'effaçaient pas, comme celle où, me tenant sur ses genoux, elle m'avait chanté la chanson du bois et des lauriers coupés… Mais ces caresses-là n'avaient pas duré longtemps. Elle était morte trop vite ; elle m'aurait sûrement soutenu quand j'avais eu tous ces problèmes, je le savais. Je lui parlais encore, de temps en temps, mais elle ne me répondait jamais, elle était trop loin.

Tous ces souvenirs, parce que, dans le restau où je me trouvais, il y avait juste en face de moi un vieux couple gentil, devant leurs assiettes. Ils étaient là, à finir leur soupe et à attendre la suite. Ils n'avaient rien d'autre à faire, qu'à attendre, à leur âge, la mort finirait bien par arriver à un moment ou l'autre… Je me suis toujours demandé si les vieux se rendaient compte que ça allait bientôt finir, la vie. Y avait-il un signe, un certain moment où l'on se résignait, aux douleurs, au temps qui passait de plus en vite, aux gestes plus lents qu'auparavant ?

Moi aussi, j'attendais… mon pote Ruggéri qui, justement, entra.

— Comment allez-vous ? s'enquit-il avec un sourire.

— Ça va mieux, merci, j'ai dormi et maintenant je suis affamé !

Le garçon nous apporta les menus, nous choisîmes rapidement du poisson puisque nous étions à la mer, et il ne s'agissait pas d'un repas entre amoureux, on n'allait pas faire du chichi sur les mets comme faisait un duo de jeunes roucoulants comme il se doit, les doigts entremêlés, à papoter sur les hors-d'œuvre.

Ruggéri, mine de rien, m'examinait.

Une fois devant nos plats, nous n'avons plus rien dit. C'est après sa salade, qu'il m'a murmuré :

— Avoir la mafia sur le dos, ce n'est pas une chose simple. La môme Agata que vous ne connaissez pas, est pourtant bien connue de notre police. Nièce d'un chef mafieux, elle a monté les échelons très rapidement. Je suis sûr qu'elle n'était pas sur le pont du ferry par hasard. Vous êtes entré dans une drôle d'histoire sans le vouloir, et cela a dû se passer à Syracuse.

— Oui, mais il y a un hic ; à Syracuse, je n'ai fait que du tourisme. Et, avec la môme Agata, comme vous dites, vous me pardonnerez cette confidence, il y a eu des choses entre nous...

— Des choses ?

— Du sentiment... ai-je ajouté connement, en rougissant.

— Nous avons reçu un fax de Paris vous concernant. Vous avez eu quelques problèmes de... santé.

— C'est bien loin, tout cela, et bien fini. Syracuse, c'était le prix de ma guérison.

Il commençait à m'énerver. Il était bien gentil, par contre un peu indiscret. Il s'agissait de son boulot, mais nous étions en train de dîner et j'avais cru qu'il m'avait invité en toute sympathie, pas pour continuer son enquête.

Les petits vieux quittaient leur table, il l'aida à enfiler son imper. Des gestes anciens. Entre un lui et une elle. Un couple. Aujourd'hui, ils avaient bien de la chance d'être encore ensemble. Seul, c'était plus dur, on risquait de finir à l'hospice.

Le vêtement endossé, il la faisait tendrement passer devant lui, quand l'explosion se produisit.

Je me retrouvai par terre avec des tas de choses qui me tombèrent sur la tête. Ruggéri disparut, la petite vieille aussi. Des flammes tout autour de nous. Allongé près de moi, le petit vieux pleurait. Moi, je ne pleurais pas, je n'en avais pas la force, ni les moyens. J'avais déjà tout dépensé en larmes au supermarché de la vie. La saloperie de vie. Ça me fit mal sur le côté et je n'osai pas regarder, parce que je sentais le sang qui dégoulinait et j'avais peur, une sale trouille. Je tendis une main vers le vieux, histoire de lui dire qu'il n'était pas tout à fait seul, il me regarda au milieu des débris sans rien dire, les yeux remplis de larmes, et après, juste après avoir perçu son cœur battre à une vitesse supersonique, ça m'épata vu son âge, je m'évanouis. Dans les pommes.

Mémé, chante-moi encore cette chanson. Sont coupés les lauriers. A jamais. Et cette autre... pirouette cacahouète... pirouette cacahouète caca...

Chapitre douze

A l'hôpital, les choses s'améliorèrent quelque peu. En face de moi, Ruggéri, la tête ceinte d'un gros bandage, me regardait. Il était vivant. Bien vivant et moi aussi. A moins que tout cela ne fût qu'un rêve et que nous fussions déjà au paradis. A condition d'y avoir droit…

— Un miracle ! s'exclama-t-il.

Il n'avait plus sa faconde du restau, mise de côté pour des jours meilleurs à venir. Il était sérieux. Près de lui, l'autre zouave, comment s'appelait-il déjà ? Mochiadi ?… oui… Mochedo. Son bras droit. Quant au mien, il n'avait rien. Sur le côté, un pansement. Rien de grave apparemment. Un peu de douleur. Mais on s'y habituait…

— La bombe n'a fait qu'un mort.

— La bombe ?

Moi qui croyais à une fuite de gaz…

— Oui, et c'est signé : mafia.

— Un mort ?

— Une vieille dame.

J'ai pensé à l'autre, au petit vieux, à sa détresse infinie, à sa solitude immense, à son dernier geste, et voir ainsi toute une vie disparaître, tant de rêves en commun, tant d'heures parcourues ensemble, sans se faire une raison du pourquoi, pourquoi elle et pas lui ! Un seul pas de plus aurait suffi… Mais la mort n'en avait pas voulu.

La salope s'était contentée d'une victime et laissait aux survivants les signes indélébiles de la souffrance. Les larmes suffiraient-elles pour apaiser l'échec d'une ultime attention ?

— Et vous ?

— Rien, quelques égratignures et un coup sur le crâne. Mais ma vieille tête en a vu d'autres, elle est coriace. Quant à vous, il faut vous faire soigner cette blessure au ventre et puis nous essaieront de vous expatrier avec discrétion. Avez-vous finalement saisi qu'ils en ont après vous ? N'avez-vous rien d'autre à nous dire ? Pensez-y ! C'est une guerre ! Et, en général, au dernier sang, à la fin, quelqu'un doit succomber. Je ne voudrais pas être trop pessimiste, mais il me semble que celui qui est dans de sales draps, c'est vous. A moins que…

— A moins que quoi ? Je vous répète que je ne comprends pas du tout cet acharnement ! A Syracuse, je n'ai rien vu, rien su, rien fait qui puisse d'une façon ou d'une autre me ramener à la mafia ! La pension où je dormais est dans tous les guides, je ne mangeais jamais au même endroit, je n'ai fait que du tourisme. Après, à Reggio, j'ai couché avec Agata. Mais je ne pense pas qu'il s'agisse de jalousie…

Il semblait embêté.

— Non, personne ne peut m'ôter de la tête que, s'il y a une raison à tout cela, c'est bien en rapport avec Syracuse.

— Eh bien, pensez-y ! Moi, je m'en vais ! J'en ai marre de toute cette histoire, de vos morts, de vos guerres, je ne suis pas un petit soldat qui veut marcher au pas, moi, je ne suis qu'un pauvre type, malade en plus, fragile des nerfs, un peu parano, et cette sale histoire, ça ne m'aide pas et puis, je n'ai plus mes médicaments parce que cette femme m'a tout volé…

— Votre sac à dos… vos affaires… quelque chose que vous aviez et qui les intéressait… observa Mochedo.

— D'accord… mais comme je n'ai plus rien sur moi, pourquoi vouloir me tuer et en même temps tuer des personnes innocentes ?

— Vous oubliez que moi aussi, j'étais dans ce restaurant…

— Très bien, alors c'est après vous qu'on en a ! Moi, on m'a tout fauché, tout ce qui pouvait leur servir et maintenant, c'est vous le lapin de garenne, le lièvre en liberté, alors ne m'en veuillez pas si je vous laisse jouer aux Indiens et aux cow-boys, je préfère ma liberté et rentrer chez moi ! Un billet de train, c'est tout ce que je vous demande, je vous en prie. Je n'ai plus d'argent, je n'ai plus rien, mais je voudrais rentrer dans mes brouillards du nord, quitter ce sud, cette mer pourtant si belle et cette lumière qui me fait si mal aux yeux parce qu'elle me fait peur, elle est trop intense pour appartenir à tout le monde, même aux malheureux. Dans ma ville, des gosses ne connaissent le bleu du ciel que par les livres, des images vues dans les bibliothèques. Le reste du temps, même en été, leur bleu à eux, c'est un bleu pâlot, maladif. Du vrai bleu à l'âme. D'ailleurs, ils n'ont pas le temps de regarder le ciel, les yeux baissés, ils ont autre chose à faire de plus important, apprendre à survivre. Alors, cette lumière, ça me blesse, ça me fait mal là, près du cœur, ça me donne envie de crier toute l'injustice du monde, gueuler un bon coup pour moi, pour mes fantômes inlassablement derrière moi, et puis gueuler aussi pour les gamins des cités, des pavés, du béton armé, pour eux aussi, bien sûr, mais aussi pour la petite vieille morte, pour son mari qui ne sait plus quoi faire, se morfondre et vivre malgré son cœur éteint. Gueuler à la lumière comme un chien en cavale pour qu'elle bouge, qu'elle soit la même pour tout le monde ou qu'elle nous foute la paix, même la mer, elle en a marre d'être aussi belle grâce à elle ! Putain de lumière ! Il y a deux ou trois jours, le ciel était rempli de poussière noire, tout semblait blafard, tout pouvait arriver, même la résignation, et voilà maintenant qu'on est inondé de vie à tout prix, de lumière invraisemblable et chaude ! On peut pas se cacher, elle nous prend de tous les côtés et c'est trop pour un type comme moi, c'est trop tropdelumière ! Vous comprenez ?

Et là-dessus, je remis ma veste, en bien mauvais état, et je sortis sur la terrasse prendre un coup de bleu, en attendant de quoi me payer un billet aller, un seul retour, chez moi, où les grosses dames en blanc éteignaient à une certaine heure les lumières et vous donnaient plein de confettis dans les cheveux, dans la tête, plein de piquouses dans les fesses, pour bien vous faire dormir. Et vous enlever à jamais toutes les araignées malicieusement logées au plafond.

Chapitre treize

J'étais le roi des trains. Allongé sur ma banquette, les pieds déchaussés bien posés sur celle d'en face, je rêvassais au son du bruit du train. Vieux train, vieux bruits. Je me demandais si les sons des trains français résonnaient comme ceux des trains italiens. Chouf chouf takata tchouf. Les chiens italiens faisaient baou-baou. En tout cas, ces bruits anciens réchauffaient mon cœur et me conduisaient lentement dans les bras de Morphée.

Et vers Paris. Entre les deux mon cœur balançait. Paris ou le sommeil. Le sommeil en attendant Paris. Mochedo, à sa façon, m'avait tendu gentiment mon billet. Il avait sa sale gueule des moments difficiles, on voyait bien que ça l'énervait que je parte comme ça. Non pas qu'il me crut coupable de quoi que ce soit — peut-être, à ses yeux, exister était déjà la pire des fautes — mais c'était le genre de flic à qui il fallait à tout prix un bon coupable. Pour sa tranquillité de routine. Un coupable derrière les verrous. L'affaire close. Passons à autre chose. Moi, le bouc émissaire parfait, ne parlant pas leur langue à part quelques mots, impliqué dans une histoire invraisemblable de mafia alors que ma mafia à moi, zonait plutôt dans mes neurones cérébraux qui déconnaient de temps en temps. Déconner pour déconnecter, bien sûr. Mais, quoique malade, ou timbré comme l'avait laissé sous-entendre Mochedo à son chef Ruggéri, le fait était que j'en avais vraiment assez de toutes ces salades ; il me fallait un terrain qui fût un peu plus accueillant, un terrain que je connaissais pour y avoir passé une bonne part de ma jeunesse, la banlieue, même si ces dernières années, elle s'était plutôt transformée.

Vrai qu'elles avaient changé d'aspect, les banlieues. A force de courir, comme on disait au cinéma de papa, elles avaient fait le pas plus grand que la jambe et s'étaient rétamées, splash, dans ce que les sociologues appelaient, dans un texte improbable, l'incommunicabilité de la diversité dans les cités à risque. Les étrangers, tant que personne ne cherchait à les convaincre qu'ils étaient étrangers, vivaient entre eux en accord, faisant même tout leur possible pour passer inaperçus. On n'était pas étranger pour des prunes. A la limite, parfois, ils imitaient à la perfection, mimiques et exclamations, les autochtones. Mais, en les mettant dans des ghettos pour souligner au crayon rouge qu'ils étaient vraiment différents, ça devenait évident qu'ils l'étaient, pas besoin de leur rappeler qu'ils ne parlaient ni ne pensaient comme nous, s'habillaient même différemment, gesticulaient exagérément. Après, normal si les esprits s'échauffaient, la colère éclatait, l'intolérance explosait. La merde, splash ! Les banlieues ? Des crottes de chiens écrasées de tous les côtés. D'une part, les ghettos, chacun le sien, races, religions, rôles sociaux, Noirs, Arabes, Jaunes, Juifs, Protestants, Catholiques, Pauvres de toutes les couleurs. De l'autre, les Blancs, tout propres. Sans credo, sans race, sans aucune connotation particulière si ce n'était le fric. L'argent dénotait chez eux une certaine assurance. Celle de ceux se moquant du reste du monde ; après tout, le monde tel qu'il était, était là depuis des siècles ; il était laid comme il était, avait toujours été, pas à nous de le changer, à la limite nos gamins s'ils en avaient envie, entre une fête et une partie de monopoly. Mais les jeunes, c'est bien connu, n'étaient plus ceux d'autrefois, au bout d'un moment ils se lassaient, réintégraient le rang de leurs parents, commerce, banque, profession libérale. Au milieu, la police.

Quand ça débordait, la police essayait, à sa façon, de rétablir les choses à leur juste place. Les blancs de blancs, les indifférents à la race, la religion, la couleur de la peau, à tout ce qui n'était pas argent, dans leur petit immense égoïsme, avaient délégué les affaires courantes aux mains de leurs représentants, dont leur rôle était de représenter.

En bref, les hommes politiques. Il y en avait de sérieux, ça oui, mais la plupart se branlait de représenter quoi ou qui que ce soit. S'inquiétant des temps qui courent et qui changent, de la toile et du fax, du portable et des ouikindes aux îles machinalement à la mode, ils fabriquaient de bonnes lois répressives afin de foutre de l'ordre un peu partout, où les clowns blancs et les messieurs Loyal des Autorités ne mettaient pas les pieds, mais où, quand même, il y avait des mécontents, des raseurs qui gémissaient, des emmerdants, qui n'avaient pas voulu s'en aller, des augustes pauvres, dans les banlieues, et qui avaient peur. Démagogie ? Vrai. Possible. Même chez les étrangers, certains ne pensent qu'au fric. Et en banlieue, il n'y a pas que des augustes pauvres. Et alors ? Des cons, il y en a partout. Beaucoup de monde pense fric, c'est dans l'adé-haine de la société moderne…

Je cogitais à tout ça, dans mon compartiment ; à ma banlieue qui n'était plus comme du temps de ma jeunesse quand ceux qui foutaient le bordel, c'étaient blousons noirs, loulous chaînes et meules ; à présent, c'était Mister master dealer et compagnie. Maître mystère disant l'heure aux toxicos. Plus comme avant, pas seulement dans la faune arpentant la jungle d'asphalte, également dans le décor. Des tours qui n'existaient pas, des ronds-points invraisemblables à n'en pas finir de faire le tour, des arbres en plastique, des hypermarchés géants, des fast-food à la nourriture pas faste mais plutôt dégueulasse.

Lorsque j'avais piqué ma grosse colère devant Ruggéri et collègue, affirmant vouloir rentrer chez moi, il m'avait répondu sèchement, hors de question que vous quittiez notre pays ! vous êtes en danger de mort ! Alors je lui avais rétorqué que, justement, puisque j'étais en danger de mort, il fallait me laisser partir, au fin fond de ma banlieue, sur mon terrain — comme disent ces chasseurs à la con en écoutant sonner la cloche du chauvinisme, qui ne s'amusent vraiment à tuer les lièvres que s'ils sont sur leur propre territoire — là où je pourrais le mieux me cacher, mieux me défendre. Il n'avait pas été vraiment convaincu, d'autant plus que Mochedo insistait pour me coffrer forever. Un lapin en cavale, plutôt à la camarde, à la casserole. Un instant de répit. A vrai dire, je n'avais aucune envie de retourner dans ma banlieue, trop de mauvais souvenirs, mais c'était tout ce que j'avais trouvé comme voie de secours. Il avait fini par céder, Ruggéri, au grand dam de son coéquipier.

Voilà pourquoi j'étais de nouveau en voyage, mafia ou pas ; je voulais surtout revoir madame Chose et lui expliquer mes nouveaux chagrins. Les psys de bonne volonté trouvaient toujours des mots pour vous soulever le moral. J'en avais vraiment besoin. J'étais à terre, pneu crevé, semelle usée, cible cartonnée, canette écrabouillée. Mes pensées, ces catins de passage, évoquaient admirablement et diderotement mes états d'âme. Avachi sur ma banquette, la nuit venait de tomber, comme toujours, sans crier gare…

Ce fut en allant fumer une cigarette dans le couloir que vint l'envie de pleurer. J'aurais aimé étendre mon spleen sur quelque divan tranquillisant, auprès d'une comtesse, au sein caché que je ne saurais voir, un menuet galant racontant des histoires où tout se terminerait bien, le feu dans la cheminée aux bûches croustillantes, la neige tombant lentement à gros flocons sur le manoir, un mouchoir à la main, recueillant mes larmes, elle me conterait alors les aventures mirobolantes de quelque aventurier pour me faire oublier les chagrins de la vie. Ma plainte cependant s'élèverait hautaine vers les cieux obscurs afin qu'une étoile en saisisse l'âme larmoyante et la fige à jamais dans le firmament éclairant pour l'éternité mes nuits prochaines. Eclairé par son propre chagrin, le poète, phtisique et névropathe spleenétique, se laisserait aller au creux du divan, psalmodiant d'une voix monocorde l'œuvre rimée dédiée à la comtesse gisant auprès de lui, la main sur son front et l'autre sur son cas...

La nuit était propice à ce genre de divagations. La comtesse en question ressemblait comme deux gouttes d'eau à Agata. Il suffisait de tendre une main vers le ciel et de cueillir la fragrance de son parfum. Mes larmes coulaient, remplissant le couloir où il n'y avait personne. La nuit aurait pu être plus chaude, plus tendre, plus nuit. Elle se lassait, sans doute, de tous mes embrouillaminis.

La porte du fond claqua. Une figure s'approchait.

Incognito dans ce train qui traversait le cœur de la nuit, je ne risquais rien, n'ayant rien à me reprocher, à part les cadavres affectifs de mon passé, bien sûr. L'individu me frôla et passa outre.

Les trains savent raconter, quand on sait les écouter, des histoires de rencontres plus ou moins bénéfiques. J'avais hâte de plonger dans la paix du sommeil et je tirai les quelques bouffées, humides de larmes et de reniflements, de ma cigarette. Je revins à mon compartiment. Vide. Je ne devais plus m'inquiéter. Fermer les yeux et attendre l'aube.

Comme un quelconque voyageur sans bagages.

Je me suis réveillé je ne sais combien de fois, pas moyen de m'endormir vraiment. Pas moyen de compter les moutons, ni les vaches dans les prés puisqu'il faisait nuit…

Pourtant, l'Italie était un beau pays. Certains rigolos des années soixante, les oreilles fourrées de vieux tubes d'autrefois, auraient pu dire que c'était un pays qui me bottait. En Italie, il y avait d'ailleurs plein de lèche-bottes, avais-je entendu dire par le monsieur qui me servait chaque matin le café à Syracuse. Comme partout ailleurs, il est vrai. Dès que quelqu'un réussit dans la vie grâce à un sourire plus large que les autres et sans caries apparentes, et que, à l'aide d'une tchatche à vendre des aspiratcurs aux pingouins du pôle sud, il est capable de tout, offrir sa propre femme, sacrifier son frère, prendre le pouvoir, alors, on voit des lèche-bottes apparaître dans les corridors aux remugles asphyxiants.

En Italie, selon mon barman syracusain, il y en avait énormément. Cela venait peut-être de la constitution géographique ? On y prend son pied à courtiser. Courtisans du roi en déshabillé. Sycophantes à la rescousse. Rien de plus facile que de cirer les bottes dans le pays des sciuscia. Sauf que les petits Napolitains avaient beaucoup plus de dignité. L'Italie, je ne faisais que la traverser et elle était très longue à parcourir…

Petite promenade au fond du couloir. Pas une âme vive.

Si… une jeune fille. Troublante présence au cœur de cette nuit profonde. Une jeune fille en fleurs dans un couloir aux lumières tamisées fumant une cigarette et regardant le vide des ténèbres. L'inviter à prendre un verre dans votre humble demeure serait de mauvais goût, n'est-ce pas ? Lui conter des histoires fleurettes à dormir debout ne chasserait pas l'insomnie. Courir le guilledou au sein d'un wagon était tout de même émotionnant. Mais, allais-je oser l'aborder, moi qui ne connaissais pas sa langue, qui me méfiais des femmes depuis peu, depuis l'ère-Agata ? D'autant qu'elle ne regardait même pas de mon côté.

Je n'osai pas et m'en revins bredouille dans mon compartiment, seul, étranger dans la nuit, sinistre et italienne. Du cinéma-Sinatra. Pas pour rien que je m'appelais Jean Nuiyé. Ça avait dû faire rire maman, qui n'avait aucun sens de l'humour pourtant.

En général, j'évitais de donner les deux noms ensemble. Ça manquait de sérieux.

On frappa. Doucement. Et sa jolie tête, suivie de son corps, pénétra dans ma solitude. Mignonne allons voir si la rose…

Elle me murmura quelque chose en cette belle langue que je ne comprenais pas.

— Excusez-moi, mais j'ai un peu de mal à vous suivre…

— Oh ! vous êtes Français… fit-elle avec une pointe d'accent sensuel, je suis étudiante en langues… Je vous ai vu, pardonnez-moi, je n'arrive pas à dormir et dans mon compartiment, ça pue les pieds et les ronflements… Il y a un couple de quinquagénaires sans pantoufles qui dorment. Je m'appelle Laetitia.

— Je m'appelle Jean. Entrez, n'ayez crainte, il y a de la place, je ne ronfle pas et j'ai remis mes chaussures.

— Je vous observais dans la vitre, j'ai bien compris que vous vouliez me parler mais que vous n'osiez pas.

— C'est vrai, il n'y a pas beaucoup de monde dans ce train, c'est peut-être la saison, mais j'ai pensé que je vous ferais peur.

— Oh non ! Vous avez un bon visage…

— C'est gentil.

Entre Salerne et Rome, puisque c'était là qu'elle devait descendre, on a parlé de tout et de rien, comme dans les trains. Les choses les plus importantes de l'existence, mais sans y donner la moindre importance, sans affecter aucun ton de voix particulier, sans épithètes superfétatoires, vouées à confondre la phrase.

Elle était mignonne avec ses cheveux courts et ses yeux bleus. Blonde aux yeux bleus. Les Normands, expliqua-t-elle. Ou peut-être la maison d'Anjou. Son français n'était pas parfait, la faute à ses professeurs, sûrement ; à sa décharge, elle y mettait toute sa volonté et un peu plus, pour obtenir de bons résultats. Avec moi, peut-être meilleur enseignant, les r qui roulaient bruyamment comme les roues du train, furent un instant corrigés quand je l'embrassai, ils devinrent grasseyés et bien français, sa langue trouvant la position conforme, qu'il sied pour prononcer notre chère langue correctement. Les u perdirent leur aspect sonore italique anglicisé ; en se formant convenablement, ils devinrent gaulois… Et nous nous embrassâmes longuement. Pour l'examen final. Cela m'avait pris ainsi, inconscient, inconséquent sûrement. Un homme déjà averti ne vaut pas grand-chose. Je n'avais pas reçu une bonne éducation et j'acceptais, comme tout banlieusard immodéré, les bonbons que les jolies inconnues m'offraient sur les banquettes des trains.

Nous n'étions que tous les deux dans mon compartiment, cela me paraissait normal de passer le temps d'une manière ou d'une autre. Pas si cynique que de prime abord, j'avais vraiment besoin de compréhension. Arrivés au point culminant de la question, au culte de la problématique, au sommet du processus, il suffisait de peu pour être vraiment heureux. Qu'est-ce qu'on attend pour être heureux ? proposai-je à cette collégienne aventureuse, envoyée par Eros et sa maman dans les méandres d'un train noctambule pour remonter le moral à un pauvre orphelin légèrement névrosé et distraitement parano sur les bords.

Je ne comprenais pas Télémaque refusant les suggestions fantaisistes de Calypso pour ne pas faire tort à son mentor mais, par contre, je compris de mieux en mieux Victor Segalen qui, apercevant le Tibet tant désiré à un pas, constata cependant que, probablement, il n'y arriverait pas. J'en étais là, à un pas du paradis, et malgré toute notre bonne volonté, la sienne plus que la mienne, l'atmosphère était pleine *du frisson des choses qui s'enfuient*. Le fait que Laetitia fût *la douceur éphémère* d'un plaisir ferroviaire, bloqua mon enthousiasme, Eros électrocuté dans sa frénésie ; d'autant plus que la porte s'entrouvrit brusquement, comme toutes les portes qui n'ont pas lu Alfred de Musset, et le contrôleur, que je reconnus à sa casquette, fouilla de son regard circonspect et contrarié en même temps, en tout cas absolument rabat-joie, notre alcôve improvisée et réclama d'un ton de voix particulièrement odieux, nos billets.

Puis tout s'accéléra. Comme dans un cinéma d'autrefois : au moment le plus intéressant du film, la pellicule cassait et tournait rapidement, le projecteur reproduisant sur l'écran des chiffres, des trous et du blanc et, finalement, la lumière s'allumait. Mais là, derrière le contrôleur qui aurait pu être mon père, deux énergumènes entrèrent à leur tour et ne furent en rien choqués de nous voir assez nus, dans l'ensemble, du Watteau Cythère à la harde un tantinet hard et impudique en quelque sorte.

Tout cela, ça fit un peu trop de monde à mon goût, dans un espace aussi restreint que le nôtre.

Sûrement, dans la vie de chacun, doit se nicher un rêve, bien de côté, assez loin, assez caché, où, vêtu comme un auguste quelconque aux pouvoirs mirifiques, on sauverait la châtelaine de Chatterley ou la princesse de Clèves ou Blanche-Neige, on libèrerait les infortunés martyrs aux mains de méchants mécréants, pour sa petite gloire personnelle. Son quart d'heure d'immortalité. Pour payer son dû à l'histoire.

Eh bien, apparemment, même un brave garçon comme moi, pour renouveler mon aspect de misérable saule-pleurnicheur, voyant la pauvre Laetitia épouvantée, sachant très bien de quoi il s'agissait, un déjà vu réitéré et mafieux, avec un ras-le-bol généralisé dans mon cœur, dans mon estomac, dans ma petite tête malade, je me dis qu'il était absolument nécessaire de montrer de quoi un perdant habituel pourrait être capable. De pas grand-chose, bien sûr, mais, mettre un grand coup de pied dans les testicules du plus proche, ne me demanda pas de très grands efforts. D'autant plus que j'avais préparé ce numéro lors de la répétition générale, quelques jours auparavant, sur le pont du ferry. Une spécialité en quelque sorte, sauf qu'aujourd'hui, c'était pour la gloire et la donzelle.

A moitié nu, jetant mon pied dans les parties basses du contrôleur, ça devait être un spectacle assez désopilant. En plein dedans.

Ouf, couina-t-il. J'avais freudiennement frappé mon père

éventuel dans ses choses les plus intimes, les plus généreusement cachées par des pantalons bleu marine. Je n'eus qu'une envie, lui faire mal. Madame Chose aurait pu m'en dire plus sur cet acte de révolte. Camus aussi.

Les amis de l'ami punirent cet acte obscène, ce tabou, cette diablerie œdipienne outrageuse, lever le pied contre son propre père, sans savoir s'il s'agissait vraiment de lui, mais qu'importait, n'étais-je pas en plein délire inhabituel ? Il me fallait un coupable et ce fut lui, le contrôleur, symbole du père qui m'avait à jamais refusé. Ses complices, donc, n'apprécièrent pas, mais un nouveau coup de théâtre interrompit momentanément la correction que ces deux zigotos à la poigne austère commençaient à m'offrir, à mon corps défendant.

Un nouveau personnage fit son entrée, un gros pistolet à la main. Je le connaissais assez bien, tout du moins je savais qui il était et quel était son rôle.

Pourquoi raconter qu'il y a de moins en moins de gens à prendre le train ? Là, dans mon petit compartiment, il y en avait déjà pas mal. Cela ne faisait pas encore une foule mais, tout de même, on aurait pu, avec un peu de fantaisie, se croire boulevard du Montparnasse un samedi soir à la sortie du Bar à Huîtres, entre amis. Ce n'était pas vraiment la même atmosphère… Cette nouvelle irruption, cependant, me permit de reprendre mon souffle.

Dans la vie, d'ailleurs, on ne cesse jamais de respirer avidement et bien comme il faut.

C'est garanti, ça fait du bien.

Avant de tomber malade, j'ai fait des tas de boulot, autrefois. Après, il y a eu ce qu'il y a eu, mais avant, j'en ai bavé. Comme quelqu'un qui ne sait rien faire de ses dix doigts sinon compter les syllabes des vers de ses poètes préférés. Il m'a fallu obéir à des ordres idiots de gens ignorants de beaucoup mais habillés de la panoplie du parfait petit chef. Mes études ne m'avaient pas servi des masses, si ce n'était à accepter mon triste sort. Ma période stoïque au grand cœur. Du Sénèque à tour de bras en remplissant les poubelles des restaurants ou en déchargeant des camions, du Montaigne haletant en poussant des chariots, pour accumuler quelques sous à dépenser au bistrot du coin en compagnie de Frédo et Marie.

Bizarre, de ressasser toujours les moments les plus noirs de l'existence et de se remémorer à chaque instant les défunts. Une manière de les garder bien vivants dans ma petite tête ; même si madame Chose avait préconisé de tirer un grand coup de crayon sur le passé, je n'étais pas capable de suivre entièrement ses conseils. Penser aux morts, une façon de les remercier pour ce qu'ils nous avaient donné, non pas en nous quittant, là, il n'y aurait qu'à en dire du mal ; mais avant, quand on était ensemble, que l'on se croyait inséparables.

Au moment où tout ce à quoi je tenais — un pouls qui bat par exemple et que je jugeais inexorablement perdu — chavirait lamentablement vers les îlots de la fin, la venue imprévue, impossible, d'un ange gardien, me sortit du trou où les choses de la vie, le malheur en particulier, allaient m'enfouir.

L'ange gardien en question, peu ange il était vrai, mais gardien à sa façon, qui intervint, péremptoire, une arme à la main, dans le brouhaha du compartiment, s'appelait Mochedo.

Pas très beau à voir, le Mochedo en question, de la fumée sortait de ses narines ; comme un dragon, il affronta en quelques mots les méchants qui se tenaient maintenant à carreau, comme on dit à Vitry.

Ah ! que j'étais heureux de le voir ! Lui, le pas beau, le dur des durs, le peu aimable, le cancre de la langue française, l'antipathique, le parano ! Heureux de savoir qu'il allait me protéger, alors que je lui en voulais, que je ne pensais qu'à rentrer chez moi, me moquant de leurs insalubrités mentales de cadavres, mafia, complots ! Je l'aurais presque embrassé, si j'avais osé. La petite Laetitia, dans son coin, ne comprenait absolument rien à ce qu'il se passait mais elle avait eu l'idée de se rhabiller. Elle me regardait d'un air interrogatif, attendant de ma part une explication que je ne pouvais pour l'instant lui donner.

J'en étais encore à remercier mentalement mon bienfaiteur quand, de nouveau, les choses changèrent rapidement. Mochedo s'écroula en gémissant sur le sol, une tache de sang au côté gauche et j'aperçus, alors, un quatrième individu qui n'avait pas frappé avant d'entrer et la lame de son cran d'arrêt qu'il essuyait à l'un des rideaux.

C'était trop con, pensai-je, en voyant le rictus jouissif du contrôleur. Celui qui devait me protéger n'était plus ! On ne lui avait pas laissé le temps de se servir de son arme, entre son entrée en scène et sa sortie subite. Le temps d'un soupir de soulagement, de croire que tout irait pour le mieux, de réaliser que j'étais dans de beaux draps, nous étions dans de beaux draps, Laetitia et moi. Mochedo n'aurait pas dû être un figurant, le suisse portant une hallebarde et qui sort en criant, il est minuit, messieurs-dames et tout va bien, non... il aurait dû avoir le rôle d'un deus ex machina et non celui d'un moribond sur le tapis, seul à scruter sa vie qui s'envolait en souffrant, tandis que nous, les amants du train, nous fûmes immédiatement contraints de nous asseoir sur nos banquettes, l'un en face de l'autre, ligotés avec de la grosse corde qui blessait aux poignets et aux chevilles, nous demandant combien de temps il faudrait encore avant que ce cauchemar ne se termine, avant que nous n'allions, nous aussi, retrouver l'ami Mochedo...

Le contrôleur, qui n'en était pas un, ayant déjà ôté sa casquette depuis longtemps, jeta son habit aux orties et se mit à confabuler avec les trois orangs-outans, aux tronches bêtes et méchantes, avec un nouveau déguisement, celui de chef de malfrats.

Bien que j'essayasse de tendre l'oreille pour saisir quelques bribes de cette conversation, histoire de savoir quel était le sort qui nous était réservé, je ne pigeais absolument rien. Ce n'était pas de l'italien, mais sans doute un dialecte ; quant à ma compagne de solitude et de captivité, elle regardait avec effroi le corps agonisant du pauvre Mochedo par terre. Je crus qu'elle allait s'évanouir d'une minute à l'autre.

Nous avions sur la bouche des bâillons ; inutile même, cet affront suprême, car nous n'aurions eu, ni elle ni moi, la force de pousser un seul cri, paralysés, comme nous l'étions, par la peur !

Pris au piège de notre terreur, de notre rage, tout du moins de la mienne, je me rendis compte qu'il fallait agir, penser à quelque chose.

Si la mafia voulait me tuer, c'est qu'après tout, on me redoutait, pour une raison ou pour une autre. Vrai que ses assassins tuaient aussi par vendetta, mais qu'avais-je fait pour mériter une vengeance ? Rien, sinon coucher avec Agata qui était apparentée à quelque chef mafieux ; mais c'était bien avant mes exploits sexuels à l'hôtel de la Dérive, que l'on avait essayé de me faire faire le grand voyage. En l'occurrence pardessus bord, directement du bastingage au fin fond du détroit. Là où les poissons se gelaient les ouïes. Entre Charybde et Scylla, dans les entrailles des monstres mythiques. Non… s'ils voulaient se débarrasser de moi, c'est qu'ils me craignaient. Je ne me voyais pas comme la terreur des gros bras de la mafia, mais je n'avais aucune autre explication. Et, si on me craignait, c'était parce qu'on me prenait pour quelqu'un d'autre. Un autre mafieux, un espion, un danger public ou, après tout pourquoi pas, quelqu'un qui leur aurait joué un mauvais tour ? Mais, si par malheur, je ressemblais à quelqu'un, mes amis les flics auraient eu vent de l'affaire. C'était à ne rien y comprendre !

J'en étais à bougonner, non seulement mentalement, comme Erroll Garner sur son piano ou Lionel Hampton sur son vibraphone, sans trouver de réponses convaincantes à mes questions, quand, soudain, l'ami Mochedo cessa de geindre.

Le Tropcondetoutàl'heure souleva le pan d'un rideau, considéra longuement la nuit.

Le train venait de ralentir, nous approchions d'une gare. Les quatre hommes nous regardèrent, puis se regardèrent, à croire qu'ils se trouvaient intéressants, jeunes premiers à un bal de débutantes, allaient-ils demander à Laetitia de danser le prochain slow ?

Sur leurs fronts intelligents, pointèrent des points noirs d'interrogation, de gros boutons plein de pus. Tropcon, redevenu contrôleur en remettant sa casquette, les poussa dans le couloir et sortit à son tour en refermant derrière lui la porte.

Mochedo gisait à terre, mort à jamais. Laetitia continuait à me fixer. Et moi, à la soutenir de toutes les forces de mes pupilles.

Il devait bien y avoir un moyen, après tout, de sortir de là. L'absence des tueurs nous accordait un peu de répit pour dégoter une solution. N'étions-nous pas des jeunes gens imbus de ressources intellectuelles, elle, l'étudiante et moi, le poète ? Même si mes vers étaient bancals et si elle n'avait passé que quelques examens, même si je n'étais plus très jeune, il fallait oser. Le fait d'être encore vivants nous laissait un brin d'espoir.

Comme disait un vieux Grec, qui aimait tremper ses pieds et ses pantalons rayés dans l'eau d'un ruisseau, tout s'écoule. Même le malheur.

Chapitre seize

Toute cette histoire pour un petit voyage de rien du tout, à vouloir oublier mes chagrins, à la recherche d'une illusion, une figure paternelle absente de mes jeux d'enfants ! La situation aurait pu être cocasse sans ce cadavre allongé entre nous. A moitié nus, ligotés comme de la charcuterie, muselés pour ne proférer aucune injure à l'égard de nos ennemis, tandis que l'Italie sérieuse dormait dans ses rêves tranquilles, ses crises économiques prochaines, ses élections futures, ses misères actuelles. Il n'y avait que la veilleuse allumée, ce qui rendait le tout assez lugubre ; il fallait que je m'approche de Laetitia, que j'enlève son bâillon, le mien et nous libérer avant que les canailles ne reviennent. Mais les salopards nous avaient si bien attachés que je ne pouvais faire presque aucun mouvement sans ressentir de la douleur. Immobilisée, telle la femme de Lot, Laetitia, que j'entrevoyais dans la pénombre, avait cessé même de geindre. Finalement, le train s'arrêta. Derrière les rideaux, je devinais les bruits sur le quai des départs ; tirer la sonnette d'alarme eût été une bonne solution mais, impossible de me lever. Attendre alors ? Attendre de mourir comme des rats ? Non, ce n'était pas juste ! Non point que mourir me gênât, la camarde, elle ne m'effrayait pas trop ; ce qui m'angoissait, était le fait que j'avais peut-être quelque chose d'important à faire, dans les dix prochaines années à venir... Des enfants avec Laetitia par exemple, ou des voyages au bout du monde, ou des poèmes à écrire, ou vivre une histoire d'amour avec madame

Chose, ou regarder un million de fois le soleil se noyer dans la mer. Non, mourir pour mourir, je ne voulais pas mourir à cause de cette histoire invraisemblable qui me tombait dessus, avec ces gangsters grossiers. Mourir avait déjà quelque chose de vulgaire, de scandaleux, alors au moins rendre le tout un tantinet plus élégant, comme ces personnages de Proust, le regard au loin, vers les arbres et les champs, ou comme l'autre, contre un pan de mur barbouillé de génie, et non comme ça, un sac de patates à la disposition de quatre cuistots ignorant l'art culinaire !

Ah mourir ! mourir, la belle histoire ! mais au moins, avant de mourir, que je puisse en profiter un tout petit peu, de cette existence qui ne m'avait pas donné grand-chose jusque ici et puis, la pauvre Laetitia, innocente, que venait-elle faire là ?

Le train repartit et personne n'était venu nous sauver. Plus de Mochedo. A vrai dire, j'avais compté sur Ruggéri, mais Ruggéri était sans doute dans sa Calabre attendant un coup de fil de son adjoint désormais mal en point. Aucune solution ne venait chatouiller mes méninges… Rien que le bruit du train reprenant vitesse. Où étions-nous ? Entre Salerne et Rome, mais où exactement ?

J'entendis des voix dans le couloir, des cris. Des gens qui voulaient pénétrer dans le compartiment et trouvaient que ces messieurs étaient bien culottés, de leur en interdire l'accès. Un compartiment réservé ? Tiens, *ecco i biglietti*, cria une matrone en colère, supposai-je. Ah ! pouvoir à mon tour crier ! Mais, que vis-je ? Laetitia debout ?

Debout, ce n'était pas la mer à boire, mais c'était déjà pas mal ! Bientôt l'océan de la liberté, une Amérique, un continent, le nouveau monde, les gratte-ciel, les pampas, Laforgue et Supervielle à la rescousse, Walt Whitman ! Ô mon capitaine, sortons de ce pétrin !

Elle avait même déjà le bras droit hors des nœuds, mais comment avait-elle fait ? Moi qui croyais qu'elle était tombée dans les pommes... Et pendant cela, dans le couloir, du raffut à ne plus finir, les mafiosi débordés par la matrone et sa famille au complet. Poussez-vous de là, c'est *a noi, è nostro, ecco i biglietti* ! J'imaginai la scène, Tropcon avec sa casquette menteuse s'évertuant à dire qu'il y avait une erreur, les trois mastards à côté repoussant la *mamma* napolitaine ou romaine et les gosses, la grand-mère, papa, la bonne, tout ce joli monde se bousculant, alors que Laetitia enlevait mon bâillon et me délivrait. Tire la chevillette, la bobinette cherra. Et le train, qui avait lu Perrault, dans un bruit de freins épouvantable, s'arrêta net.

Surprise. La valise de Laetitia tomba, la vitre se baissa, il s'agissait bien d'un train des anciens temps, assez économique d'ailleurs, un regard de compassion au pauvre Mochedo qui m'avait tendu le billet, un aller simple en deuxième classe, avec un rictus plus joyeux que celui qu'il avait actuellement. Passer par-dessus la vitre et se laisser glisser comme le soleil de mes poèmes passés en plein dans la nuit et dans l'herbe humide de rosée. Alors que, tutti quanti, aux fenêtres du vieil hlm qu'était devenu ce vieux train latin, aux vitres baissées, malgré le froid, à protester, à pousser des cris, *una bomba ? macchè ! sciopero contro il governo* ! La grève, disaient-ils. La grève des ténèbres où les vagues de nos pas nous embarquaient au loin, à bout de souffle, sans savoir où aller, mais loin, très loin et le plus vite possible. C'est la *mamma* qui allait être contente, elle pourrait récupérer ses places assises réservées. Bien sûr, elle serait un peu choquée en voyant Mochedo au milieu, mais c'était le risque des voyages par les temps qui courent et cela attirerait du monde en plus sur les lieux du crime.

C'était devenu une habitude, c'était encore une fille qui m'emmenait vers je ne sais où. Au loin, au fond du noir de la nuit. A en devenir lettres d'encre, deux l qui s'envoleraient s'il leur poussait des ailes, comme des anges, dans l'obscurité, dans le dos, entraîné encore une fois, une fois pourtant n'est pas coutume, par une jolie fille, au minois fort mignon, vers je ne sais quel havre de paix, alors que les assassins à nos trousses, toujours eux, nous menaçaient, ou peut-être avaient-ils eu du mal à expliquer le pourquoi de ce déguisement ? Tropcon bien trop con ne trouverait pas de bonne solution, de bonne réponse... un flic mort, ça allait foutre un bordel pas possible et, qui avait tiré la sonnette ? Tout de même pas Mochedo, donc il y avait quelqu'un d'autre.

Vite... la presse sur l'affaire, un esclandre, un foutoir à la Une, sous la lune, vite... nos deux perdreaux en fuite dans la froidure de la nuit, ah ! Laetitia si légère, Diane la chasseresse m'emportant à jamais au fond des bois, au fond de mon émoi, vite dépêche-toi, murmura-t-elle, haletante, tandis que je n'avais plus de souffle, que je tremblais de froid et de peur et, en proie aux sueurs froides, j'allais tomber malade, j'en étais sûr, j'avais envie de vomir...

Etrange ; lui, le mâle, celui qui, depuis toujours, avait tout sous contrôle, debout, fier, hautain, tenant d'une main sûre les brides de son cheval, dans le verger, l'épée au poing après l'adoubement, attendant la venue des lausengiers avec bravoure et courage, le front majestueux ; elle, la princesse étrangère, à la frimousse épouvantée, frissonnant de tout son corps, la poitrine palpitante, son cœur battant à cent à l'heure, des gouttes perlées dégoulinant ; une scène touchante, un moment de haute tension dramatique, un tableau aux appas charmants, ce qui exciterait même le chevalier s'il avait un peu plus de temps… mais voilà… maintenant… c'était le contraire…! Les pleurs du mâle. La jeune fille, *Ô fangeuse grandeur ! sublime ignominie* ! dominant la scène. Elle n'avait que vingt ans et déjà enchanteresse, vengeresse, diablesse, fugitive, la belle captive, affrontant l'obscur et ses mystères, affrontant les périls sans trébucher, conduisant dans les coulis des ténèbres son amant interrompu, son amour interrompu par les truands, elle, l'étudiante, devenue la conseillère, la voile protectrice au gré des marées. L'étoile qui guidait mes pas et qui éclairait, éblouissante, mes indécisions.

Devais-je m'excuser, trouver des justifications ? Je ne connaissais pas cette contrée, j'étais harassé, dépassé, débordé par tous ces événements, alors qu'il y avait à peine quelques jours, je n'étais qu'un simple touriste photographiant les recoins pittoresques d'une ville immortelle.

Non, je ne devais pas me justifier, je n'étais pas à une lâcheté près et, probablement, j'avais de la fièvre, quarante degrés à l'ombre, un délire époustouflant au cours duquel une jeune naïade venait me prendre, m'enlever, me capturer. Me rendre sain et sauf à mes habitudes.

La nuit était belle, glaciale, les chemins remplis de boue, je tenais la valise de Laetitia à la main, je la suivais, certain qu'elle me protègerait, elle ne pouvait qu'être un ange venu me délivrer et, cette fois-ci, rien ne m'inquiétait sinon ce qu'il pouvait y avoir derrière nous…

J'étais sûr qu'il ne s'agissait pas d'une nouvelle traîtresse, fille de quelque malfrat, acoquinée avec mes persécuteurs, sûr qu'elle n'y était pour rien et qu'elle s'en sortirait. J'étais pieds et poings liés métaphoriquement dans ses bras et, si j'avais pu, je l'aurais embrassée pour la remercier. Je n'étais plus un maniaco-dépressif avec quelques pointes de paranoïa qui sollicitaient ma fantaisie, je n'étais qu'un névrosé guéri avec de la fièvre, mais une aspirine me soulagerait et puis, dans ses bras, je saurais recouvrer le droit chemin...

En attendant, les chemins n'étaient pas si droits que cela, nous étions en pleine nature et nous avons ralenti notre course effrénée.

Il fallait trouver un gîte pour la nuit. A vagabonder ainsi, nous courions le risque de revenir à notre point de départ et nous ne savions pas si nos assassins nous poursuivaient. Nous ne savions rien. Tout ce que je comprenais, au-delà des quelques mots échangés, j'ai froid, dépêche-toi, vite, par là, était sa main dans ma main. Tout le reste m'était désormais indifférent.

La fièvre, sans aucun doute.

Finalement, nous rencontrâmes une route. L'asphalte nous conduirait-il vers une nouvelle jungle ou vers le salut ?

Je ne sais comment cela se fit. Mais un camion s'arrêta. Un vieux monsieur, le chauffeur au calendrier indiquant la starlette du mois dans une pose généreuse, nous proposa de monter. Je traînais toujours la valise de Laetitia et je montai derrière elle. Et je m'endormis.

Eh oui, tout bêtement, la tête posée sur son épaule. Alors qu'une pointe de rose déchirait dans le lointain un ciel exténué d'être obscur, nous offrant de nouveau, comme chaque jour, mais cette fois-ci avec un peu plus de chaleur, l'émotion d'une aurore à venir.

Avant de m'endormir, j'eus le temps d'entendre Laetitia qui

répondait au chauffeur, *andiamo a Firenze allora, va benissimo*. Et sans être un grand traducteur, ni même un polyglotte, je saisis : d'accord pour Florence, c'est très bien.

Comme disait Henri IV en parlant de Paris, Florence valait bien, elle aussi, une messe du matin en latin.

Sur ma petite carte géographique mentale, Florence était, avec Venise et Paris, le trio des villes les plus belles du monde. Bien sûr, je n'avais vu ni Prague ni La Nouvelle-Orléans ni Bruges ni Vienne, mais avec mon petit meccano habituel, je défaisais et construisais à tour de bras. Venise était belle parce qu'elle était sur l'eau et, sans y avoir jamais mis les pieds, j'avais lu bien des livres où on louait ses beautés. On avait failli y aller, à Venise, Marie et moi, mais ça nous aurait fait du mal plus que du bien, tous ces oiseaux sur la lagune, ces gondoles et ces soupirs sentimentaux et aujourd'hui, j'aurais même des souvenirs émotionnants à regretter, non c'était mieux ainsi, on y avait renoncé, le fric peut-être, nous étions restés attablés dans notre banlieue à regarder partir les trains et puis c'est tout.

Paris, c'était mon Paname à moi, je la connaissais cette vache de ville et je l'adorais avec son ciel gris. Même les souvenirs étaient en noir et blanc. Du Doisneau ou du Willy Ronis à perpette. Florence, c'était le nom qui m'enchantait, un nom qui fredonnait je ne savais quelle rengaine du passé. J'aimais aussi Ame-aster-dame pour le nom également. Mais Florence et ses collines, son vert de pluie et ses brumes du matin, ne me déçurent pas.

Avec l'Italie, je venais seulement de commencer vraiment à voyager et c'était donc la première fois que je traversais la frontière. Sauf une fois, en Belgique. Mais là, c'était un peu comme chez nous, alors ça ne valait pas. C'était avec Frédo, pour aider l'un de ses potes à déménager. Bruxelles et ses solitudes. Là aussi. Comme chez nous. Des femmes seules accoudées au zinc et sirotant de la bière. Ça m'avait fait penser à maman. Heureusement, on était rentré assez vite, j'aurais pas résisté.

Mais Florence, elle était comme je l'avais imaginée. En couleur, mais avec des couleurs ténues. Avec du gris aussi, celui du fleuve.

Le camionneur nous a lâchés à l'entrée de la ville et là, ce n'était pas très joli. En plus, je me réveillais. Toutes les banlieues se ressemblent. Les mêmes maisons délabrées, les mêmes squares aux arbres rachitiques, les même nains pleurnicheurs qui s'écaillent dans les jardins, devant les pavillons des rêves confortables d'une retraite heureuse, les mêmes bâtiments à vingt étages décatis, décrépits, avec les mêmes visages patibulaires qui longent discrètement des murs mal dessinés, délavés par les pluies et le smog. On aurait dit qu'il y avait une science exprès pour rendre toutes les banlieues du monde entier identiques et de la même couleur. Des quartiers clonés. Enfin, tout cela n'était pas très gai, sauf si l'on était à Florence pour la première fois et qu'il devait bien y avoir autre chose, avec un nom pareil. Sauf si, à vos côtés, il y avait une jeune fille comme Laetitia qui vous serrait la main et vous conduisait, que vous suiviez machinalement, presque nonchalamment, certain qu'il ne pouvait plus y avoir de surprises désagréables. Une sorte de lune de miel à l'aube d'une nouvelle journée et qu'importaient les trottoirs remplis d'ordures et tout le reste, ici, vous pourriez après tant d'années toucher le bonheur du bout des doigts. Il suffirait que le brouillard se lève et que vous trouviez de quoi dormir, un lit, avec quelques rayons de soleil au réveil et du café noir et une douche chaude. Et quoi d'autre ? Une éponge pour effacer tout le passé, jadis, naguère, autrefois et hier. D'un seul coup. Hop ! Disparu, tout cela. Plus d'imparfait, plus de passé simple, plus de passé composé. Plus de douleurs. Une thérapie de choc sans médicaments et sans madame Chose. Un beau présent. Eternel, si cela était possible.

Mais la fièvre était là, me guettant et Laetitia, inquiète, me posa la main sur le front. Un geste rassurant qui me fit du bien, même si ça n'allait pas du tout. Du tout du tout. Nous ne sommes pas loin, me dit-elle. Pas loin de quoi ? Serais-je condamné à traîner toute ma vie d'une banlieue à l'autre ? Ou existait-il pour moi aussi un centre-ville, avec des bâtisses séculaires et de grands rideaux aux fenêtres et des plantes vertes ? Rejeter l'hier et le rechercher dans la mémoire des villes.

Curieuse, cette incohérence à cinq heures et demie du matin.

Nos pas sur l'asphalte pluvieux et cette sensation de perdre connaissance à jamais. Nos pas pressés, on ne devrait pas traîner dans les rues à cette heure-ci si on n'avait rien à y faire. Des ruelles, des vieilles maisons. Du passé. Nous ne faisions que passer. Ne réveillons pas les braves gens qui dorment encore du sommeil des justes. Il se mit à pleuvoir. L'Italie, là où les orangers fleurissent, n'était que pluie et désolation. J'avais froid. J'avais mal aux jambes. J'avais des douleurs un peu partout, dans les os, dans la tête, dans les bras ; je tenais toujours la valise de Laetitia, je ne voulais plus la lâcher, je ne voulais plus la perdre, ni sa valise ni elle.

Unis à jamais, sous la pluie s'il le fallait, puisque cela était notre peine.

Des ruelles, encore, encore... Des églises. Des petites places désertes. Pas une âme qui vive. A part les éboueurs. A part les premiers autobus vides, à part mon espoir piétinant les pavés. Une porte cochère. Une ancienne demeure. Des escaliers...

***

Combien de temps suis-je resté allongé dans cette chambre, deux ou trois jours ? J'avais perdu toute notion des heures, acculé à mes cauchemars fiévreux ; j'ouvrais les yeux, de temps en temps, pour voir la douce main de Laetitia m'épongeant la sueur du front et puis, exténué par cet effort, je les refermais, de nouveau emporté par un flot d'images délirantes...

Quand je me suis réveillé, un rayon de soleil pénétrait par la fenêtre et venait jouer à cache-cache avec mes doigts. Je voulus me lever mais mes jambes-mémées se plièrent et je retombai sur le lit. Assis, les pieds nus sur le carrelage froid, à chercher du regard Laetitia qui n'était pas là. Il y avait juste, sur le mur, une affiche représentant les amoureux qui s'embrassent, de Doisneau, et deux étagères avec quelques livres. Une photo également. Laetitia et un monsieur plus très jeune. Son père ? Son Pygmalion ? Son amant ? Logis sobre. Je ne voyais que la fenêtre et, au-dehors, les toits et, régulièrement, j'entendais des cloches sonner. J'aurais aimé que Laetitia soit là pour m'en dire un peu plus... Un pas derrière l'autre jusque dans la salle de bains, un peu d'eau sur le visage. Une brosse à dents sous cellophane. L'idéal ? Pas tout à fait... L'idéal... quelques pas plus tard... une petite cuisine avec une cafetière et une allumette pour allumer le gaz.

Encore des photos, Laetitia et un jeune homme. Son frère ? Son amant ? Son complice ? Laetitia et une jeune fille très belle. Beaucoup de Laetitia, cheveux longs cheveux courts, et quelques visages inconnus. Et de nouveau, ce monsieur d'un certain âge. Seul, avec elle. Plusieurs photos.

La maison, supposai-je, appartenait donc à mon étudiante samaritaine. Re-café. Raisonner. Repenser aux événements. Maintenant que la fièvre m'avait quitté, j'étais prêt à affronter le monde. Pas vraiment. En fait, j'aurais voulu disparaître, m'éloigner de tout ce micmac inexplicable. J'aurais voulu me perdre dans les bras de Laetitia. Envolée. Des courses ? Un amant ? Un travail ? Une trahison ?

La première cigarette après trois jours et deux tasses de café me fit tousser. L'éteindre. Aucune pitié pour les mégots. Bon titre pour un roman. Re-re café. N'ayant rien à faire, je rebus ma boisson préférée. Repassai dans ma tête les derniers événements. Le cadavre de Mochedo était bien présent. Il aurait fallu que je lise la presse et que je téléphone à Ruggéri. Il aurait fallu que ma belle revînt me dire où nous en étions. Dehors, les toits florentins ; je me dis que la vie valait bien d'être vécue, ne serait-ce que pour cela. Ce n'était plus la banlieue de notre arrivée. Nous avions donc marché longtemps ?

Fatigué par toutes ces questions d'un esprit indiscret, je partis me recoucher mais, ayant ingurgité trop de café, j'étais légèrement énervé, je n'arrivai pas à fermer les yeux. J'étais guéri.

Alors, en attendant, je fouinai autour des livres. Ah ! du Robert Desnos. Et un Simenon. Déjà ça de gagné... Fatalement, quand Maigret descendit sa quinzième bière de la journée, je m'endormis...

La matinée passa et ce fut la petite Laetitia qui me réveilla, avec un baiser sur la joue. Ce n'était pas très érotique, mais ça faisait du bien.

— Raconte, raconte…

J'avais hâte qu'elle parle. Mais pas elle. Elle avait d'autres idées dans la tête. Elle m'a poussé sous la douche, je devais avoir mauvaise odeur, je m'étais pourtant lavé les dents et puis, elle s'est glissée, elle aussi, sous l'eau pour me savonner le dos. Du topo ressassé ? Elle m'a vraiment savonné et, à part un ou deux baisers, elle est vite ressortie s'essuyer.

— Alors raconte…

Bichonné, repassé, rasé, parfumé, prêt à écouter… Le lit avait été refait et immédiatement défait. Elle était là, à tendre ses bras généreusement. Le fond de l'air est frais, dit-il. Viens, dit-elle. Ne pas se lasser de répondre à ses appels, à ses s.o.s. émotionnels qui faisaient battre la chamade, les gestes par cœur recommencés. La tendresse. La pudeur de ne pas laisser les deux corps désunis. Mais une étreinte.

A la fin, elle s'est décidée, elle a raconté.

***

Elle m'a montré les journaux. La photo de Mochedo. Arrêtés, deux suspects, deux petits malfrats mafieux en pleine campagne. Deux sur quatre, il fallait s'en contenter. Une dame avait témoigné. Le chef de Mochedo a juré que sa mort serait vengée. Rien de plus.

Elle a raconté.

Sa vie d'étudiante, son grand amour, le monsieur âgé, le professeur à Rome. Et sa vie entre Salerne et Florence depuis qu'ils s'étaient quittés. Depuis qu'elle l'avait quitté. Depuis qu'il l'avait quittée. C'était prévu, à la fin de l'année, les feuilles rougies par l'automne se laissaient tomber par terre et notre amour... Depuis... je n'avais pas très bien saisi... elle vivait seule et avait changé de faculté. Elle avait eu peur de mourir dans le train, mais elle était mal ligotée et connaissait tous les trucs de marin pour dénouer les nœuds. Son père était un marin. Le mien était contrôleur dans les trains. Nos pères avaient beaucoup voyagé.

Après, ce fut moi, qui racontai. Syracuse et un peu de Marie, quelques-uns de mes chagrins passés, Agata aussi, la belle Sicilienne. Je n'osais trop lui révéler, elle le comprenait, je ne voulais pas paraître mufle, un tombeur de femmes. Ni même un con séduit et abandonné.

Son corps était maigre avec des rondeurs inattendues. Ses doigts savaient le secret de caresses que je ne soupçonnais pas...

— Que vas-tu faire maintenant ? Reste ici avec moi, tu ne vas pas repartir ; attends que la tempête passe, ils finiront par t'oublier.

Elle n'y croyait pas vraiment. Et elle savait qu'en restant auprès de moi, elle courait elle aussi les mêmes dangers.

— S'ils ont d'abord volé tes affaires, c'est qu'ils cherchaient quelque chose que tu avais.

Qu'avais-je à part un calepin griffonné de poèmes mal en point ?

— Et ce Ruggéri, crois-tu qu'il puisse vraiment t'aider ?

— Non, mais je dois rentrer. Je ne peux pas rester ici, ça ne servirait à rien, sauf à t'attirer des ennuis. En outre, plus j'y pense, plus je trouve tout cela irréel, je n'y pige absolument rien. Il y a tous ces morts. Et je ne sais pas pourquoi. C'est de la folie ! Laetitia, allons voir la ville et demain matin, je partirai.

Décision laconique mais sage. Ne pas en rajouter. Laisser une part de tendresse sous l'oreiller pour ses rêves futurs. Qu'elle soit hors de danger, c'est tout ce que tu souhaites. Et loin de toi, elle ne risque plus rien.

Florence, la gourgandine, s'offrit à mes regards affamés.

Chapitre dix-huit

Main dans la main, comme deux vrais amoureux, nous avons cheminé dans les dédales florentins, admirant les vieilles demeures patriciennes, nous arrêtant sous quelques porches pour nous embrasser, comme deux vrais amoureux. Elle avait un petit imperméable gris-vert qui me laissait rêveur, il ne pleuvait pas. Elle savait trouver les mots pour expliquer, pour me réconcilier avec la vie. J'y croyais. Abolis nos passés respectifs, qu'avions-nous de mieux à faire que de nous en inventer deux, voire un seul, pour tous les deux, de divaguer sur les nouvelles saisons à venir ? Sur un air d'accordéon dans les ruelles, comme si la musette avait été inventée à Florence, j'aurais aimé rentrer, refaire l'amour et, insatiable, la caméra filmerait voyeuse les aréoles de ses deux seins, les mamelons dressés, comme le Divin Poète *Je sucerai, pour noyer ma rancœur, Le népenthès et la bonne ciguë, Aux bouts charmants de cette gorge aiguë* et lentement, le long de nos deux corps, elle referait son ciné porno de bas quartier pour notre plaisir, pour souvenirs excitants plus tard, à l'heure de la déchéance de nos deux corps flétris. Plus tard. Dans dix mille ans. Un film en noir et blanc. Nouvelle vague d'amour, nouveaux naufrages sous les draps, remous de caresses audacieuses, tourbillons voraces des langues affamées assoiffées. Ru, ruisselet, ruisseau, torrent, gave, rivière, arroyo, fleuve, mer, océan, notre désir grossissant au gré de la houle des lèvres…

J'étais reparti dans mes délires habituels, mes voyages

mentaux, alors que nous nous asseyions dans un petit troquet aux bancs patinés, jazz dans l'estomac en sourdine, lumières tamisées, c'est un bar à la mode, me chuchota-t-elle. Ah ! que j'aimais ces chuchotements qu'elle me passait en cachette des autres, en catimini des passants, dans la pénombre, complicité amoureuse, chuchote-moi encore, douce Laetitia…

Nous prenions place et une dame pas très jeune, aux seins fatigués et aux yeux cernés, s'approcha pour prendre la commande. Nos désirs, nos envies alcooliques, je n'ai envie de rien que de toi sous ton toit et toi ? aurais-je voulu lui dire, mais elle me blessa en disant, un coca-rhum, un Cuba libre, souligna la dame. Si vous voulez, je m'en moque. Je ne désirais que ses lèvres pour un baiser, j'aurais aimé que cette soirée, que cette nuit restât à jamais dans ma mémoire, pour mes vieux jours, indélébile. Aurai-je le droit de savourer mes vieux jours, moi que l'on poursuit depuis quelques temps pour m'assassiner ? Oh Laetitia ! reviens auprès de moi !

Mais elle était déjà partie du côté du comptoir, là-bas, vers quelque dame-pipi, m'avait-elle glissé, avec un petit sourire narquois, posant son sac sur la table. J'avais envie de fumer une cigarette. Que feriez-vous si vous aviez envie de fumer et que vous sachiez que dans le sac de votre petite amie, il y a un paquet de clopes et un briquet ? Pas de cendrier, il ne faut pas exagérer… Sans doute, vous ouvririez avec précaution l'objet semi-ouvert que l'innocente a laissé choir avec nonchalance sur la table en bois vermoulu, où sont inscrits des cœurs percés de flèches érotiques, des noms, des phrases, des dates. A Frida pour la vie. Quatre mai, cinq décembre à Franco Francfort, je t'aime, bout de chou, ma gazelle, mon lion, boudi-boudu, rogneugneu, débile mental, débit verbal... Les cigarettes étaient là qui pointaient déjà, je tirai le paquet, soutirai le briquet et, maladroitement, fis glisser hors du sac un livre de Gesualdo Bufalino, *Quiproquo*. Allumant ma cigarette, je le feuilletai, histoire de passer le temps. Un geste que j'aurais voulu ne pas avoir fait, un geste innocent qui devint aussi lourd qu'une gifle sur un visage. Une trahison. Que dis-je... une fêlure... non... un martyre !... Un cri de douleur s'échappa de mon cœur en peine...

Feuilleter un livre n'a jamais tué personne, dit le petit libraire au client, et surtout pas un livre de Gesualdo Bufalino, cet écrivain immense. Cherchez, fouillez, lisez, les phrases virevoltent !

Et laissèrent échapper, d'une page écornée à l'autre, une photo sans punaise mais avec un petit trou, une photo en couleur... Le film en noir et blanc était fini, la sonate en éros majeur s'estompait, une photo, des souvenirs, des cartes postales, bises, baisers, à bientôt, la mer est magnifique, reviens-vite mon amour, je t'attends à jamais, cris, crois-moi, cris des mouettes dans le lointain, une photo... Rien de tout cela... Pas une catastrophe planétaire, une simple photo en couleur sur laquelle trois personnes souriaient bêtement à l'objectif qu'un photographe, apparemment peu doué vu le résultat final, fixait sur eux. Immortaliser. Suprême générosité de l'acte photographique. Une dédicace. Un instant fugace. Un instant. Clic. Figés. A jamais. Pour les héritiers, les petits-enfants à venir, au coin d'une cheminée, quand vous étiez jeune et belle, le soir à la chandelle, Ronsardelette aimait vous chanter, ou l'autre, le plus grand, *afin que si mon nom Aborde heureusement aux époques lointaines*... parce que c'était elle, parce que c'était moi... Ce n'était pas pour rien que j'avais fait mes humanités, pour être ici dans ce troquet rongé, grignoté par le temps.

La dame aux seins pendants, slalomant entre les tables, prenait et passait les commandes de toutes ces braves gens venues passer là un petit quart d'heure pépère. Comment pouvaient-ils, ces hommes et ces femmes, imaginer un seul instant en sirotant leur remontants, leurs spiritueux, qu'un drame était en train de s'accomplir à la table numéro iks, où trônait un homme pâle et décoiffé, feuilletant indiscrètement un livre qui ne lui appartenait pas et découvrant une photo entre un chapitre et l'autre ?... Histoire d'arrêter le cours du temps, l'histoire en cours, le fleuve charriant les bavardages des pénitents sur les péniches, les marées, la caravane dans le désert, des anges passant et s'inquiétant soudain, l'angoisse angoissante, ô tous ces cris qui déchiraient le cœur malheureux qui avait mal au cœur, à jamais, tangage maudit, parapet-suicide, froideur glaciale du geste se précipitant contre l'iceberg de sa curiosité...

Sur cette maudite photo, trois visages souriants ; celui d'un monsieur déjà entrevu sur le mur de l'appartement de Laetitia, le professeur ; celui de Laetitia mignonne à croquer dans une petite salopette, adorable ; et *dulcis in fundo*, comme disaient si bien nos ancêtres les gallo-latins, celui de la femme la plus belle du monde, enfin, vue d'un train ralenti à un passage à niveau, la terrible Marguerite de Bourgogne qui jetait ses amants par la fenêtre, la dangereuse mante peu religieuse, la veuve noire, la plante carnivore, la gorgone gloutonne, la terrifiante Agata.

Ô mon pauvre cœur, qu'est-ce donc ? Mon cœur avait des relents, la bénédictine de tout à l'heure, mais que faire ? Que dire ? Que penser ? Vomir ? Transpirer copieusement, me lever, abandonner là sac, photo, souvenirs, amour, tout, trahi encore une fois, nevermore nevermore, gros con, foutre le camp, disparaître vite, vite une course contre le temps, faustocoppikillly entre les couples amoureux sur les descentes de l'hiver, la neige salie par le vomi, qu'est-ce que tu croyais… le piano de Bill Evans… plus de bile à te faire désormais, fuir, là-bas fuir, tu connais si bien ces verbes, s'enfuir, fuir…

Que croyais-tu ? le Casanova des cœurs en déroute, le don juan des Castafiore, le Valentino des goûters, la vie en rose, tu n'en peux plus de te raconter le film de ta vie…

Alors, mets ton chapeau de roues et cours, va, vois et nous venge. Course tes fantasmes et fous le camp dans le brouillard florentin, n'attends pas le dénouement final, ça ne peut être que du mauvais tragique, déracine-toi, barre-toi le plus vite possible de ces contrées empoisonnées, venimeuses, pousse le badaud noctambule, excuse-toi, ne t'excuse pas, c'est peut-être un tueur, un ennemi ! Tu n'as que des ennemis. Un seul être vous manque de respect et tout se repeuple d'incertitudes lamartiniennes. Soupirs et temps suspendu…

Les rues glissantes de brume. Froide était la nuit dantesque. Où vas-tu ? Vers la gare ? Tes pas ne peuvent que t'entraîner là, d'ailleurs tu ne sais faire que cela, prendre un train pour creuser la distance entre tes assaillants et ton amour-propre, ta survie. Et Laetitia ? Ah ! que ce nom me brûlait ! que ces voyelles si douces à prononcer me blessaient désormais ! Que cette mijaurée absente pour cause de toilettes revînt trop tôt et donnât l'alarme à ses amis, et tu serais dans de beaux draps. *Pour toi vieux maraudeur L'amour n'a plus de goût.*

La gare, *la stazione*, que nasillait le haut-parleur ? Dépêche-toi ! Monte dans le premier train direction le nord, ne cherche pas à expliquer les événements, tu n'as pas le temps, plus tard, plus tard... La mafia aux longs tentacules peut te rejoindre à chaque instant...

Emporte-moi, wagon ! Ô ce train m'emmenant au loin, ces coups de sifflets déchirant la brume et la nuit, ma nuit. Enfermé à jamais, à double tour de clé, dans une impasse de gémissements intérieurs, ne sachant plus quoi faire, ne sachant plus quoi penser, n'ayant plus personne sur qui poser ma pauvre tête et pleurer.

Les larmes ont du bon parfois, voilà ce que je me disais, le nez contre la vitre, regardant un point quelconque dans la nuit, là où était tapi l'ennemi.

Rapidement, le train s'arrêta en gare de Bologne. Je ne savais même pas si j'étais sur le bon chemin. Malgré mes reniflements, je me suis dit qu'il fallait faire quelque chose. J'ai demandé l'heure à un passager qui allait descendre. Trois heures du matin.

L'heure où tous les chats étaient gris. L'heure des rêves de monsieur Ruggéri... L'heure parfaite pour téléphoner...

Rêver était plus difficile qu'imaginer et vivre, il fallait que le rêve de ta vie fût à la hauteur de ton imagination, avait dit je ne savais plus qui...

Une femme amoureuse probablement...

J'étais à Milan et j'attendais Ruggéri qui devait arriver en avion de sa Calabre natale. Il m'avait donné rendez-vous dans un café près du Dôme et il était en retard. Dehors, une manifestation de gens endossant la même chemise couleur intolérance, protestant contre la venue des étrangers dans leur belle contrée. Les étrangers devraient, à leur tour, manifester contre la venue de ces barbares uniformisés.

Les trains et les cafés, c'était tout ce que j'avais vu ces derniers temps. Milan la grise s'éternisait sous la pluie et regardait défiler les gros cons qui criaient des slogans empoisonnés.

Voilà, enfin, mon commissaire, pénétrant à grands pas dans le café. Il était temps. Pas rasé et l'air fatigué. Moi aussi, j'étais à peu près dans le même état sauf que lui, c'était son métier et moi, mon statut de condamné à mort. Quelle était la différence ? En effet, elle n'était pas vraiment nette. Nous sommes tous des condamnés en sursis.

Quant à choisir, j'aurais préféré quand même ne pas me trouver là où je me trouvais. Attendre un taxi qui t'écraserait, une tuile sur la tête, une fuite de gaz, un avion qui tombe, une maladie incurable... Différents choix mais rien de vraiment agréable, rien d'enthousiasmant. Alors, s'éteindre lentement, assis confortablement dans un fauteuil, en écoutant un quatuor de Schubert ou de Mozart ou une sonate de Beethoven, en regardant au loin les oiseaux migrateurs qui retournent vers le sud pour passer l'hiver. Des oies sauvages dans un soleil couchant. Romantique !

— Comment allez-vous ? me dit-il, en me serrant la main.

Ruggéri, un visage franc à la Mastroianni, une poigne forte, une carrure d'athlète, avec un petit sourire triste au coin des lèvres. Jean Nuiyé, fragile, pleurnicheur, poigne semi-forte, histoire de ne pas se faire écraser les métacarpes à chaque fois, et aucun sourire. Une expression mélancolique.

Autour d'eux, des Milanais et des touristes et la pluie. Et les fanas en vert du défilé qui étaient en train de se séparer. La vie, une séparation éternelle. Même les cons se séparaient.

— Vous êtes toujours en danger, annonça-t-il en pesant ses mots, comme si j'avais du mal à saisir ce qu'il voulait exprimer. Jusqu'à maintenant, j'ai pu éviter que votre nom paraisse dans les journaux, mais on se doute de quelque chose, la mort de mon collègue n'a rien arrangé. Parlez-moi de Florence…

— Pas grand-chose à ajouter, la mafia utilise des femmes, cela paraît plus facile pour s'approcher de ma petite personne, mais c'est un peu comme s'il y avait deux bandes à ma poursuite. Des femmes et des hommes.

— Des souris et des hommes. Steinbeck.

Il avait de la culture, Ruggéri.

— Ou bien des souris et des trains…

— Ça me dit quelque chose…

— Ah bon ?… Enfin, des filles qui me plongent dans l'embarras et qui me cuisinent à petit feu, lentement, laissez mijoter et puis, hop ! tranchez net ! une preuve excellente de haute gastronomie exécutée par des cuistots mafieux, les mecs à la rescousse des nanas.

— Ce n'est pas si bête ce que vous dites, il y a peut-être deux groupes rivaux, ce qui ne promet rien de bon. Nos informateurs nous ont raconté que les jours où vous étiez à Syracuse, il y avait d'étranges mouvements… hum… Je ne sais si je peux vous en parler, au fond, moins vous en saurez, mieux cela vaudra pour vous.

— Au point où j'en suis…

— Ecoutez, mon garçon (mon garçon ?), je n'ai pas l'intention de vous voir finir comme Mochedo, j'ai donc décidé de vous raccompagner personnellement chez vous. Pour Mochedo, certainement quelqu'un a parlé un peu trop. Le type, celui que vous appelez Tropcon, pourrait être Giovanni Troppustrunzu, un spécialiste en explosifs, il travaille pour le clan des Camardi.

— Comme Agata ?

— Oui, sauf qu'il y a du nouveau, Agata est également la maîtresse de l'Onorevole Peppino Bou Giardo, le député de centre-droit, ami intime du ministre…

Et là, Ruggéri baissa la voix à tel point que je ne pus entendre la suite. Moins j'en saurais, avait-il dit, mieux il vaudrait. Agata, maîtresse d'une huile, cela, je voulais bien y croire. Et dire que je m'étais imaginé qu'elle…

— Allons-nous en, le prochain train est dans une heure, nous avons juste le temps. Tenez, regardez cette photo…

Tout en quittant le troquet, il me montra un cliché sur lequel je reconnus, au milieu d'un groupe de personnes, Agata, plus jeune, souriante et belle comme toujours et, pas très loin d'elle, un homme qui ressemblait étrangement à un autre, vu récemment sur une autre photo, celle de Laetitia…

— C'est le député… vous avez l'air de le connaître ?

— Non, pas vraiment, mais pourtant, il me semble… Ce député, avant d'être député, n'était-il pas professeur ?

— Ah non ! ça, c'est son frère… Celui qui lui écrit tous ses discours, c'est vrai… on dirait presque des jumeaux, il était marié à… Tiens, c'est curieux… il faut que je téléphone à mon bureau pour plus de renseignements, une chose m'est venue à l'esprit… sa femme…

Il était doué, le Ruggéri, il était ici incognito, dans une ville du nord où la mafia avait sûrement des collaborateurs plein de zèle, prêts à se mettre au travail. On avait l'air vraiment discrets sur notre coin de trottoir, à blatérer comme ça… et maintenant, voilà qu'il voulait téléphoner à son bureau, histoire de bien montrer où il se trouvait, au cas où ils n'auraient pas vraiment compris… Et si… non… ce n'était pas possible…! Mais, tout de même, pourquoi pas ? Ruggéri… qui, mieux que lui, aurait pu savoir que Mochedo était dans ce train ?… A force de vivre dans un monde pourri, voilà que la paranoïa se vendait comme des petits pains, à qui mieux mieux… une livre de doutes, combien ?

Quand même, pas Ruggéri… là, tu exagères, tu vas un peu trop loin… merde… il a failli sauter avec toi dans ce restau… du calme, reprends-toi…

— Ça ne va pas ? Vous êtes tout pâle, vous ne vous sentez pas bien ?

— Non, ce n'est rien, j'ai besoin de marcher un peu à l'air frais…

Ce n'était rien, juste un peu de pâleur émotive… Mais de combien de salariés la mafia disposait-elle ? Tout était possible… Se méfier de lui ? Au point où tu en es, à qui peux-tu faire confiance ?

Oui, seulement voilà, un autre voyage en train nous attendait et les trains, jusque-là…

— Il n'y aurait pas moyen de prendre l'avion ? demandai-je.

— Vous plaisantez ? Les aéroports sont certainement surveillés, la mafia a des indics partout.

— Oui… mais les gares… En voiture, alors… Paris est encore loin…

— Je ne sais pas, c'est vrai que le train… Allons voir mon vieux copain de Milan, l'inspecteur Barocco.

Oui, allons voir cet autre personnage. Mourir pour mourir, au moins voir le plus de monde possible, ça ne pouvait que me faire du bien. Ça me donnerait l'impression d'être encore vivant… Une foule, ça bougeait, ça palpitait, ça remuait. Il y avait de l'espoir là-dedans, des lendemains meilleurs, peut-être la femme de ma vie, une foule, ça faisait presque une masse. Les masses, l'Histoire nous l'avait assez répété, quand elles se mettaient en colère, ça risquait de tout chambouler, de tout renouveler. Une bonne petite Renaissance par-dessus le marché, quoi de mieux ? Un apéro au bistrot du coin, deux petits verres et c'était parti pour la révolution. Suspects, nous étions tous des suspects. Et, si Ruggéri voulait lui aussi ma peau, après tout, il se servirait tout seul, self-service messieurs-dames, pour la victime désignée, la juste offrande pour apaiser la colère des dieux. En voulez-vous encore, profitez-en, je ne suis pas très regardant sur la quantité. Mais que ça se fasse vite, le plus rapidement et le moins douloureusement possible.

Après, on n'en reparlerait plus, juste quelques lignes dans le journal du soir, pour ceux que ça passionnerait. Et il y en avait encore, des lecteurs assoiffés de meurtres et de faits divers. Un étranger, Jean Nuiyé, a été retrouvé mort, l'autre soir dans un quartier mal fréquenté. Il croyait que la vie était plus simple que cela. Il avait pourtant bien été averti. Un règlement de comptes. A tirer les sommes de toute cette affaire abracadabrante, j'avais le beau rôle, en définitive. Quelques lignes. Ce serait pas de l'art craché sur un ordinateur et insufflé par quelque muse prostituée, ce serait du réel. Trois lignes méritoires, au fond. Avant la page des spectacles, pour l'émotion du soir. Avant d'aller chez les Macaroni manger des spaghettis. Après, bridge. En paix. Avec ce petit fait divers bien truculent de la journée. Madame Macaroni et ses sourires aguichants, monsieur, lui, un peu chiant, un peu rébarbatif, mais sa femme si séduisante… Et le mort ? Oh ! il n'était pas si jeune que cela et puis, il l'avait bien cherché, il n'avait pas à se mêler de ce qui ne le regardait pas. On n'avait pas idée d'aller faire du tourisme en Italie ! Et en plus, se promener dans les bas quartiers ! Ça ne se faisait pas. Quelle folie, prendre un train pour s'aventurer hors de chez nous… Il faut cuisiner son propre bœuf mironton chez soi, disait le vieux Voltaire.

Et il avait bien raison…

Chapitre vingt

L'inspecteur Barocco avait deux seins, comme tout le monde.

Et des yeux noirs, avec une légère pointe de maquillage.

L'inspecteur Barocco était une brune minuscule avec deux seins immenses qui trahissaient implacablement toute sa féminité. Je restai plutôt surpris tandis que Ruggéri, ironiquement, me présentait son vieux copain, Rosalia Barocco. En outre, elle avait un léger accent, presque imperceptible, qui soulignait ses origines italiennes.

Le père Ruggéri faisait le malin, il crânait presque, et il y avait de quoi, quand l'inspecteur Barocco lui sauta au cou et l'embrassa d'une façon que j'aurais tort de ne pas définir d'osée.

Un sourire chaleureux et trois tasses de café plus tard, Rosalia avait écouté en silence l'histoire de ma vie. Syracuse, dit-elle, c'est la ville de l'Onorevole. Encore cet honorable qui faisait son apparition. En Italie, tous les hommes politiques, du plus petit secrétaire provincial au député, se glorifiaient de ce titre digne d'un mandarin de Shanghaï.

— Est-ce le même ? demandai-je. Bou Giardo ?

Les deux complices, amants, copains, se regardèrent une petite seconde qui dura quasi une éternité et puis me fixèrent et hochèrent la tête, simultanément. Un intouchable, cet honorable…

Ruggéri reprit l'histoire de ma pauvre odyssée tout au long d'une péninsule devenue dangereuse.

— D'après moi, dit Barocco, vous avez vu quelque chose à Syracuse que vous n'auriez pas dû voir…

Encore cette histoire de voir et de ne pas voir ! Devoir ne pas voir. Ne pas donner à voir. J'avais regardé quelque chose qui ne me regardait pas, en quelque sorte. D'accord, mais quoi ? Les Latomies, les églises, les musées, les rues, les marchés, le port, le théâtre grec, les ruines, la tombe d'Archimède, les belles Syracusaines, les librairies, les bars où je consommais mes granités à la fraise, la source de la nymphe Aréthuse et de son amant Alphée, les papyrus d'Ortygie ? Quoi d'autre ? Le soleil sur la mer…

— Tourisme, je n'ai fait que du tourisme !

— Et en général, que fait un touriste ? questionna Rosalia Barocco.

Cette fois, ce fut Ruggéri et moi qui nous regardâmes, attendant la réponse qui ne tarderait pas à venir, car l'inspectrice Barocco avait l'air particulièrement éveillée :

— Des photos ! Le touriste prend des photos. Aviez-vous un appareil avec vous ?

— Oui, un truc de ma première communion, qui marchait mal et, vraisemblablement, toutes les photos sont loupées…

— Où sont les négatifs ? Volés avec votre valise ou avec votre sac ?

— Non. L'appareil qui était dans mon valise, oui… il y avait à l'intérieur une pellicule avec quelques photos de faites, Syracuse ? non, peut-être des photos prises après, dans le train… entre Taormine et Messine, enfin, je pense, je n'en suis pas très sûr…

— Mais il y avait bien d'autres pellicules, celles des photos prises à Syracuse ? où sont-elles ? insista Ruggéri.

— Envolées.

— Qu'est-ce à dire ? lança-t-elle.

Elle n'était pas bête, cette Rosalia Barocco, j'aurais pu même, à la limite, en tomber amoureux. Bien sûr, il aurait fallu un Marivaux capable de révéler l'amour qu'elle ne voyait pas pour l'instant, tant elle était éblouie par ce Ruggéri de province et cette histoire de films disparus, mais après, avec un peu de temps... me poser sur ses deux seins troublants, recueillir toute la détresse de mon for intérieur et lui offrir ainsi toute la fragilité de mon honorable personne... Je rêvais, je n'y pouvais rien, c'était plus fort que moi, une maladie, au gré des phrases, au gré des méandres de mon cerveau fantaisiste, depuis toujours, depuis les fleurs blanches du cerisier près de chez nous, depuis les poissons rouges, les allées du square, les berges sombres de la Marne, le vol des papillons au printemps, l'automne et ses gouttes de pluie sur les vitres et ses feuilles de marronniers glissant vers le sol, les heures de ma solitude... Même dans les moments les plus dramatiques, je me perdais là-bas, vers cet ailleurs qui m'appartenait, dans ma faible intimité...

Je m'aperçus qu'ils me dévisageaient avec insistance, attendant de ma part une intervention, un signe, une réponse. C'est vrai, la charmante inspectrice m'avait posé une question à propos de ces films. A cette heure-ci, devenus négatifs, si madame Chose les avait fait développer. Madame Chose, ma psy, à qui je les avais envoyés avec un livre et une lettre d'amour...

Mais méfie-toi, ne dis rien, pas encore, n'as-tu pas des doutes en ce qui concerne Ruggéri ?

Des doutes... des inquiétudes... un type qui a failli sauter avec moi, oui mais, ils voulaient peut-être s'en débarrasser ? Ils, pronom ennemi, après tout, il ne leur servait plus, un traître, ça finit toujours ainsi, alors…

— Alors ? pressa Ruggéri, l'unique objet de mon pressentiment ressenti, de mon ressentiment pressenti… car, en plus de tout ce que je pensais sur son compte, j'allais tout faire pour conquérir sa petite amie, certain qu'entre eux, il y avait du tendre, comme disaient les Italiens, et les Précieuses. Toujours mes humanités…

— Alors ? répéta-t-il.

Là, il commençait à m'ennuyer, j'allais le laisser sur la corde raide de l'attente un peu de temps, histoire de faire mon numéro de séducteur avec la belle Rosalia à la gorge émouvante, mais la mijaurée ne sembla pas vouloir s'éterniser ni sur mes sourires télévisés parfumés au cocochamel ni sur mes appâts suborneurs.

— Alors ? réitéra-t-elle.

Là, ils m'emmerdaient sérieusement, ces deux zigotos !

— Ils sont dans un lieu sûr et n'insistez pas, je ne vous dirai rien. Je trouve remarquable que vous ayez eu cette bonne idée qui n'était d'ailleurs jamais venue à l'esprit de votre vieux copain, en soulignant de la voix le qualificatif…

— Mais pourquoi ne voulez-vous pas nous dire où se trouvent ces pellicules ? Nous pourrions vous aider, savoir de quoi exactement il s'agit ? Une photo, vous comprenez, une photo compromettante… Mais vous vous entêtez…

— Oui, lui fis-je l'air triste, le sourire blessé, de chez Saint-Torrent modelé et ruisselé pour les soirées d'automne, en la dévisageant la larme à l'œil, il y a eu trop de morts et je ne veux pas risquer que la…

Tais-toi, regarde le Ruggéri comme il est attentif, le salaud, le Ruggépris par ce que je vais dire ! Gaffe, mon petit gars ! Motus et bouche cousue. Silence ! D'ores et déjà, déjà doré.

— Ne vous obstinez pas… Maintenant, j'ai faim et, étant donné que je suis en danger de mort, voulez-vous me laissez mourir, vous aussi, de faim ?

Ruggéri sortit en haussant les épaules.

Nous sommes restés seuls, Rosalia et moi.

— Ce n'est pas gentil, me reprocha-t-elle, il est venu de Calabre exprès ! Il aurait pu s'en moquer, vous laisser vous débrouiller tout seul…

— Vous oubliez qu'un de ses collègues est mort.

— Justement ! C'est ça qui le tracasse, quelqu'un de son bureau a dû parler… Mais, à propos, ces films sont-ils vraiment en lieu sûr ?

— Sûr, aussi sûr que chez vous ! C'est grand, chez vous ?

— C'est petit et j'ai déjà un invité pour cette nuit.

— Ah ! pardonnez-moi… Ruggéri…

— Ruggero, oui.

— Il s'appelle Ruggero Ruggeri ?

— Oui, il n'aime pas le faire remarquer… C'est un peu comme vous, qui vous appelez Jean Nuiyé.

Touché. Bon. Je ne m'appesantis pas, c'est du sérieux entre elle et lui. Revenons sur nos pas. Ne mettons pas les pieds dans le plat. Quand Ruggéri reviendra avec ses sandwichs, je demanderai un billet d'avion et je les quitterai. Ils pourront ainsi folâtrer tranquillement, bras dessus bras dessous. Quant à moi, je retrouverai ma ville et sa banlieue, madame Chose et mes affaires, je récupérerai les films et les donnerai au quai des Orfèvres, à police-secours, ou à je ne sais qui, de façon à ce qu'on m'aide, si possible, et si personne ne veut venir à mon secours et s'ils me trouvent, ils… je devrais dire elle… je resterai là à guetter la mort qui finira bien par arriver.

Personne n'en est exempt.

En fait, nous partîmes en voiture. Nous, l'inspecteur Barocco et moi. Ruggéri nous rejoindrait à la frontière, avant Modane. Ce petit voyage, en tête à tête, n'était pas pour me déplaire, même si Rosalia avait tenu à préciser, au moment où nous attachions nos ceintures, qu'il ne fallait pas me faire des idées. Ce n'était pas pour mes beaux yeux, elle avait en horreur les types comme moi, pleurnichards à gogo pour un oui ou pour un non. Elle, elle aimait les hommes, les vrais de vrais, comme Ruggéri par exemple et donc, si elle avait accepté de prendre quelques jours de vacances en ma compagnie, c'était uniquement pour aider le commissaire Ruggero Ruggéri, son bel ami, particulièrement préoccupé par toute cette affaire bringuebalante qu'il avait sur les bras, y compris mézigue.

Fini le train, exit l'avion, nous voici donc dans une voiture, confortable, grand tourisme, avec allume-cigares et radio incorporés. Les pieds sagement posés sur la moquette jaune canari, je regardais du coin de l'œil la poitrine troublante de l'inspecteur et, de l'autre œil, je surveillais la route et le paysage. Résigné. Rosalia ne m'aimerait jamais et ne céderait jamais à mes avances, même si j'étais le dernier homme sur terre. Il y avait des rencontres comme ça ; pas vraiment de l'antipathie, mais ces foutus atomes pas crochus filaient tout droit leur bonhomme de chemin habituel, sans s'arrêter pour voir s'il ne se passerait pas un petit quelque chose, de chimique, de bionique. Voire de physique. Ses atomes à elle, bien sûr, car les miens étaient prêts à entrer immédiatement en fonction, à s'accrocher à n'importe quelle patère de passage. Toute tendresse féminine serait la bienvenue, histoire de prouver à moi-même que je me gourais... Toutes ces demoiselles — toutes ? à peine deux, pour un casanova de province, ce n'était pas terrible — qui avaient fréquenté mon intimité, m'avaient subséquemment trahi. Les femmes trahissaient donc, comme dans les romans. Loin de rejeter ce lieu commun, ancien comme le premier métier que l'on professait, paraît-il, déjà au temps des cavernes, il me fallait cependant contraster cet apophtegme appartenant à la morale commune avec ma sensibilité, qui me tenait un autre discours : foutaises, que tout cela ! Femmes et hommes sont attirés les uns vers les autres et, si ça marche, ça marchera pour l'éternité. Ce n'est pas parce que tu rencontres en une seule journée trois cons, que toute l'humanité est composée de cons. Loin de là. Entre deux cons, il y a un pas con du tout. Entre deux chênes, il y a un roseau, c'est bien connu.

Donc, si je rêvais de me trouver dans les bras de Rosalia Barocco, c'était uniquement pour me démontrer que les insanités populaires ne me touchaient guère, que je ne croyais pas à tout cela. Et puis, aussi, parce que l'inspectrice Barocco en rajoutait beaucoup, comme tous les baroques, vu que tel était son nom, moralement et physiquement ; cet aspect physique n'étant pas pour me déplaire.

Mais, rien à faire. Elle, c'était Ruggéri, after-shave poivré, pas des types parfumés au muguet comme toi.

— Pourquoi nous retrouve-t-il à la frontière ?

— Il va d'abord rencontrer un de ses indics à Vintimille et essayer de faire croire que les films sont brûlés. Toute la côte est bourrée de mafieux appartenant aux principales familles.

Après, il remontera vers les Alpes et nous attendra à Modane. De là, nous filerons sur Paris... Et j'espère que vous vous déciderez à nous dire où sont cachés ces pellicules ! Il en va de notre survie à tous les trois, désormais.

A tous les quatre, pensai-je, ajoutant madame Chose à la liste des survivants éventuels. Ah ! si Frédo avait été là, il aurait pu m'aider ; mais j'étais seul dans cette histoire où le hasard m'avait placé. Je n'avais pas confiance dans les efforts dispensés par Ruggéri et compagne. D'abord, j'avais toujours des doutes sur lui ; ensuite, Rosalia était bien gentille, mais un type costaud comme Mochedo avait été descendu, alors...

Non, à la limite, il valait mieux que je me démerde solo. Peut-être Antonin, le cousin de Frédo, pourrait-il me planquer pendant quelque temps du côté de Maisons-Alfort, dans le petit pavillon qu'il possédait près de la Marne ? Donc, une fois à Paris, il faudrait semer mes gardes du corps et disparaître rapidement. Le temps ferait qu'on m'oublierait.

Moi, de toutes leurs salades politico-mafieuses, je m'en fichais, il n'y avait rien de neuf sous le soleil. Ces magouilles existent depuis toujours. Les puissants enrôlent tous ceux qui peuvent les aider, y compris les truands.

Le féodal s'était appuyé sur le clergé pour baiser la populace ; plus tard, le peuple, au nom de la démocratie, a chassé le curé et le noble ; une fois au pouvoir, hop ! aux orties la démocratie ! L'histoire très édifiante de la race humaine, fric et pouvoir. Qui a du fric veut le pouvoir, qui a le pouvoir veut du fric. La logique du monde, comme les massacres, les guerres, la misère, les crève-la-faim. Il y aura toujours un plus pauvre que nous, un plus con à abattre, à cogner pour qu'il obéisse. Roi, curé, bourgeois, peuple, chacun veut sa part de gâteau, c'est l'homme qui est pourri, c'est comme le port-salut, c'est écrit dessus. Homme : danger ! A ne pas trop fréquenter, sinon vous risquez, au minimum, des éruptions cutanées.

***

Le voyage se passa sans problèmes, Rosalia me déposa à l'hôtel, point de ralliement avec Ruggéri, le lendemain. Je devais prendre deux chambres ; malheureusement, il n' y avait plus de place, il ne restait qu'une grande chambre avec deux lits. Sans hésiter, je sautai sur l'occasion ; j'avais hâte d'aller me coucher, aucune envie de me balader dans les rues froides à la recherche d'un autre hôtel. Quand Rosalia arriva, elle tira la gueule, bien sûr, en découvrant que nous étions logés sous le même plafond.

— Rassurez-vous, ma belle ! Je n'ai pas l'intention de vous importuner, je suis trop fatigué et je suis convaincu que vous non plus, vous n'insisterez pas... Dès que vous vous déshabillerez, je fermerai les yeux... Soyez sans crainte.

Elle fit malgré tout bonne mine à mauvais sort, comme on dit chez les Goths. Une fois sous les draps, je m'endormis immédiatement. Même si j'avais souffert d'insomnie, je n'aurais pas eu le plaisir d'entrevoir la nudité bouleversante de Rosalia, cette dernière ayant décidé de sortir pour se changer les idées. Elle me cachait quelque chose, je la sentais inquiète.

Vers trois heures du matin, je fus réveillé par un grand bruit. J'ouvris les yeux, l'inspectrice Barocco, assez agitée, me priait de me lever le plus rapidement possible.

— Que se passe-t-il ?

— Ruggero !

— Quoi, Ruggero ?

— Il a été blessé, un traquenard...

— Mais il devait arriver demain matin ?

— Non, il était déjà ici et j'ai été le retrouver, sauf qu'à ses trousses il y avait déjà les hommes de Camardo...

— Et alors...?

— Alors, ils nous ont tiré dessus ! En ce moment, ils sont sans doute en train de fouiller tous les hôtels de la ville, à votre recherche ! Vite, je vous en prie, faites-vite.

— Mais Ruggéri...

— Il est blessé grièvement, mais il est à l'hôpital. Maintenant, c'est vous qui êtes en danger, vous et moi. Dépêchez-vous...

Ça n'en finirait donc jamais ! Fuir encore, toujours, cavaler de droite à gauche comme un fou sur l'échiquier de l'absurde...! Il faisait froid... Où irions-nous ? Chez les flics ? Les collègues de Barocco ?

— Prenons la voiture et allons-nous en, en France, allez... du courage !

— Pourquoi pas chez vos collègues ?

— Non, c'est trop dangereux...

— Et Ruggéri ?

— Il s'en sortira, j'en suis sûre. Avant de s'évanouir, Ruggero m'a supplié de vous ramener sain et sauf chez vous. A Lyon, j'ai des amis, nous nous y arrêterons tout à l'heure, au cas où nous serions suivis. On ne peut se fier à personne pour l'instant, il y a trop de monde sur le coup... Avec vos photos à la con, vous avez vraiment soulevé un drôle de guêpier !

Et ce drôle, prononcé avec son petit accent léger, me fit sourire. Amèrement.

Les guêpes, en ce début d'hiver, à ne pas y croire...

C'est comme ça que nous avons passé la frontière, Rosalia et moi, comme deux clandestins. Ou deux amants en fuite. Peu de mots entre nous, beaucoup de regards. Rosalia conduisait comme si elle avait hâte d'arriver. Elle ne s'arrêta que deux fois ; une fois pour faire le plein d'essence et une deuxième fois, pour téléphoner et prendre des nouvelles de Ruggéri qui allait assez mal, selon les docteurs.

— Il est temps que tu te confies… me dit-elle, à cent trente kilomètres à l'heure.

Ce tutoiement me surprit, mais je fis semblant de rien et moi-même la tutoyai :

— Que veux-tu dire ?

— Trop de morts, trop de blessés, et un en particulier, Ruggero ! Décide-toi, il faut que tu me conduises aux films. Où sont-ils ? Si quelqu'un les a développés, ce quelqu'un court un grand danger et il sera peut-être trop tard quand tu le rejoindras…

— Entre toi et Ruggéri, qu'y a-t-il ?

— Quel rapport avec cette affaire ? Enfin, c'est un vieux flirt ou plutôt, une vieille histoire d'amour, du temps où nous travaillions ensemble à Catania. Mon premier commissariat. Une certaine… hum… tendresse est restée entre nous, mais Ruggéri est marié, tu le sais, n'est-ce pas ?

Je ne le savais pas ou, si je le savais, je l'avais oublié.

Trop de choses dans ma petite tête bouillonnante. Il fallait enquêter un peu plus sur cette… hum… tendresse…

Il fallait également que je lui parle de madame Chose, mais pas tout de suite, pas à cent quarante kilomètres à l'heure, sans aucun respect pour les limites obligatoires.

— Quand nous serons à Lyon...

— Si nous avons le temps, répliqua-t-elle.

Et puis plus rien. Plus un mot.

***

Lyon, l'après-midi. Une pluie glaciale nous accueillit. Peu de monde dans les rues, beaucoup de voitures par contre. Rosalia se gara et me montra du doigt un café :

— Attends-moi là, je reviens.

Un café et le temps passa. Un autre café et un verre d'eau. Et une première cigarette. Et le temps continua à passer. La nuit eut même l'idée de tomber. Avec les gouttes de pluie, cela mena grand bruit sur le trottoir. Un éclair illumina la rue et un coup de tonnerre fit sursauter les quelques clients du bistrot.

La tendresse qu'elle éprouvait pour Ruggéri devait être d'ordre sexuel. Une sorte de retour au sources, pour Rosalia. Premier emploi, premier amant probablement. Mais de quoi me mêlais-je ? N'avais-je rien d'autre à faire que de penser à des histoires de fesses, alors que ma vie foutait le camp inexorablement ?

Une petite liqueur pour me remonter le moral et pour me réchauffer de toute cette humidité qui me pénétrait partout. Et le temps passa... Mais Rosalia ne venait pas. Et plus le temps passait, plus les aiguilles tournaient, plus les liqueurs augmentaient. Je n'y pouvais rien et surtout, je dépensais le dernier argent qu'il me restait. Discrètement ivre, affamé, démoralisé, dans une ville que je ne connaissais pas, mais cependant sympathique avec ses maisons ancestrales. Frédo me vint à la mémoire et les larmes aux yeux.

Je revoyais un après-midi, Frédo, à moitié saoul, voulant séduire la fille d'un communiste, père d'un de ses copains, et moi qui n'avais qu'une envie, celle de partir ; tandis que Frédo draguait impunément, impudemment, le sperme au fond de ses pupilles, je devais me farcir les luttes de l'ancien, les efforts menés contre un patronat odieux, les jaunes, le monde entier. Obnubilé par la beauté sensuelle de la fille du marxiste, Frédo évitait mes regards suppliants, ne cessait de se verser à boire et de remplir le verre du vieux dans l'espoir de l'enivrer. J'avais du mal à imaginer le camarade prêtant à Frédo sa chambre pour qu'il saute sa fille. Sauter, le verbe apparaissait effrontément sous les paupières alourdies de Frédo. Je me demandais comment l'après-midi se terminerait et, finalement, le père comprit. Sans besoin de lui faire un dessin et malgré tout le vin bu. Il interrompit ses souvenirs, enfonça le bouchon dans le goulot de la bouteille, tapa fort sur l'épaule de Frédo et nous remercia de la visite. Je me levai aussitôt, le remerciai à mon tour et, tout en souriant aux lèvres sensuelles de la jeune fille immobile dans sa beauté et dans son coin, je tirai Frédo vers moi et vers la porte d'entrée. Ou de sortie.

Quoi qu'on fasse, une fois entrés, nous sommes toujours destinés à ressortir.

Je ne savais pas pourquoi ce souvenir ressurgissait. Peut-être parce que j'étais passablement ivre et que, sous mes paupières, au fin fond de mes pupilles, je voulais moi aussi profiter du verbe sauter en compagnie de Rosalia. Un peu parce que j'étais saoul, beaucoup parce qu'elle me plaisait et passionnément, aussi, pour chercher une consolation forte après tous mes déboires amoureux.

Le café allait fermer, je n'avais plus d'argent, le garçon me faisait la gueule parce que je n'avais pas l'air de vouloir m'en aller et le temps s'était même arrêté de passer. Lui aussi, en avait marre de tourner en rond comme mes pensées.

J'aurais dû me contenter de boire autre chose. Bois l'eau et tais-toi.

Enfin Rosalia arriva et, première enfant, elle estampilla mes verres bus d'une juste décadence ; d'un mot bien mis en place, elle me renseigna sur le pouvoir des femmes, réduisit l'amusement aux règles des devoirs… et régla l'addition.

M'aidant à me relever, elle m'entraîna sans un mot, sous la pluie et dans les rues mal éclairées du vieux Lyon. Puis, nous franchîmes le seuil d'une porte-cochère, nous nous engouffrâmes dans une rampe d'escaliers à colimaçon, nous traversâmes un jardin, nous descendîmes quelques marches, nous ouvrîmes une porte fermée à double tour, nous pénétrâmes enfin dans un studio pour célibataires. Nous l'étions, elle et moi. Tout parut aussi simple qu'un bonjour passé.

Je cherchai vulgairement à l'embrasser, elle me repoussa, me poussa, aussi tentai-je une ultime fois de m'agripper à son corps voluptueusement attirant, mais peu désireux de mes caresses d'ivrogne et, finalement, je chancelai ad aeternitem contre le mur, sur un lit adroitement bien placé.

Il est certains esprits dont les sombres pensées sont d'un nuage épais toujours embarrassées. Bois l'eau, répétai-je, tandis que je sombrais inéluctablement et, à mon sexe défendant, dans les bras luxurieux du sommeil ronflant.

***

A mon réveil, j'avais mal à la tête, terriblement mal. Le temps de me lever, de chercher à récupérer mes six sens égarés, y compris le bon, de trouver une salle de bains, si elle existait dans ce lieu devenu infernal ; je l'aperçus, à demi-nue, assise, une tasse de café à la main, me montrant du doigt la direction à prendre. Là, je pus vomir toutes les mauvaises intentions de la veille et les bonnes du matin.

Remis définitivement en forme par une douche, je sortis de mon exil matinal pour me rendre auprès de ma gardienne telle une déesse en colère qui, cependant, m'offrit une tasse de café. Ce fut notre réconciliation. A peine essayais-je de m'excuser, elle m'interrompit. Même si mes souvenirs étaient confus, il me semblait que je ne m'étais pas comporté très convenablement.

— Dépêche-toi, dans un quart d'heure nous partons.

— Un médecin…

— Qui ?

— Une amie à moi, une psy qui m'a soigné.

— Nous nous en doutions…

— Nous ?

— Ruggéri et moi. Nous savions que tu ne devais pas avoir beaucoup d'amis sincères autour de toi ; Ruggéri s'était fait envoyer des renseignements de France… enfin qu'importe, maintenant partons vite.

— Sympa, les flics, vous aimez bien fouiller !

— C'est pour te sauver la vie, espèce de con…

Une étrangère ne devrait pas employer certains mots vulgaires. La vulgarité augmente quand les mots sont mal prononcés.

— Je comprends que tu ne me supportes pas, surtout après ce qu'il s'est passé cette nuit…

— Cette nuit ? Cette nuit, il ne s'est rien passé ! Tu as ronflé minablement contre le mur.

— Je voudrais que tu me pardonnes…

— Aucun problème, il suffit que tu n'insistes pas.

— Promis… A propos, cette maison, à qui est-elle ? Un amant ?

— A une collègue française.

— Pas d'amant ?

— Si. Mais cela ne te regarde pas ! Simon et Sarah, mes collègues français, ont promis de m'aider et ils nous rejoindront à Paris, en fin de soirée. Il faut y aller…

Je l'aimais cette fille, cette femme aux seins troublants, à la voix agressive et douce en même temps, je l'adorais, mais elle ne m'aimait pas. Absolument pas.

J'en étais arrivé à aimer, de façon un peu trop compulsive, toutes ces femmes que je rencontrais sur mon chemin. Même cette Sarah, propriétaire des lieux, qu'elle venait de nommer. Cela n'était pas convenable. Cela ne se faisait pas. Pas de cette façon.

Ce n'était pas un roman.

Les portes de la nuit. Nous étions l'un près de l'autre. Le désir pressant de prendre Rosalia dans mes bras et de l'embrasser. A un feu rouge. Nous avions un peu parlé. Elle avait mis une cassette de Puccini. Je n'aime pas beaucoup l'opéra, mais je lui dis que j'adorais la *gelida manina* de Mimì. Elle en fut contente et moi aussi, je fus content qu'elle fût contente. Après tout, si Puccini pouvait nous réconcilier et nous remettre sur le bon chemin, pourquoi pas ?

Mais le feu devint vert et je n'osai rien faire. A présent, il allait me falloir la quitter ; je ne pouvais plus compter sur elle et je n'avais aucune intention de la mêler à mes affaires privées, en l'occurrence madame Chose qui, la pauvre, n'aurait rien compris à tout cet imbroglio.

J'attendis que la voiture ralentisse encore une fois à un feu rouge. Voilà. Je descendis sans me retourner, de peur de voir naître sur son visage toute la désapprobation et de crainte qu'elle ne disparût à jamais avec cette moue de mépris, mêlée au regret de ne pas avoir eu confiance en elle. Je descendis le plus rapidement possible de la voiture pour entrer à grands pas dans la nuit parisienne, entendant crier mon nom et, malgré cela, malgré le désir de revenir vers elle, de l'étreindre une dernière fois, de l'embrasser une première fois, quelle main glaciale vous avez, c'est pour mieux supporter ton corps chaleureux mon enfant, je m'engouffrai immédiatement dans la première bouche de métro qui s'offrit à moi. Opéra. Direction, les bords de Marne…

Antonin, le cousin de Frédo, était noir comme l'ébène, autant Frédo était blanc comme un cachet d'apirine. En fait, il avait épousé une cousine de Frédo et s'était lié d'amitié avec lui. Quand Frédo s'en était allé définitivement, il m'en avait voulu de n'avoir pas fait assez pour éviter tout cela. Il avait sans doute raison. Au lieu de lui dire que je l'aimais, Frédo, j'aurais dû l'empêcher réellement de se camer. L'amitié est souvent un creuset de malentendus. Justement pour cela, deux bons amis résistent au temps, lorsqu'ils savent s'expliquer franchement sans arrières-pensées, examiner toutes les facettes du problème, un peu comme deux amants, sans le sexe bien sûr, mais tout le reste y est, jalousie, envie de suprématie, enfin... d'affirmer son point de vue, en général, toujours le meilleur... et ruptures. Et embrassades à ne plus finir... Et conseils chaleureux et rires et larmes, toujours au bon moment ou au mauvais, là aussi ça dépend... Pour Frédo, j'étais convaincu que ça ne l'aiderait plus en rien, de lui déballer qu'il se bousillait ; il le savait parfaitement. Ce qu'il lui aurait fallu, à Frédo, c'était une madame Chose quelconque pour le sortir de là, lui redonner confiance, mais allez le lui faire comprendre...

C'était cela, qu'Antonin me reprochait, d'avoir cédé, tergiversé, d'avoir tourné le coin de la rue sans me retourner. Mais j'étais moi-même dans une merde pas possible, après la mort de Marie... Alors, après deux mois à me faire la gueule, nous avions quand même tiré au clair ce malentendu, dans un bistrot. Une soirée entière à chialer, Antonin et moi, sur la connerie humaine, nos faiblesses, nos trouilles, notre futur. A deux heures du matin, nous n'étions pas beaux à voir, ivres à n'en plus finir, mais totalement réconciliés ; on avait même fait la paix, chacun d'entre nous, avec Frédo, le salaud qui nous avait mis dans ce pétrin. On lui avait pardonné, tout, même d'être mort, et ça, c'était le plus beau cadeau que l'on pût faire à un être cher, effacer la rancœur que son absence nous laissait dans le cœur et se souvenir de lui aux plus beaux de nos jours ensemble.

Après, Antonin et moi, nous nous étions un peu perdus de vue, la vie... bien sûr... Il m'avait rendu visite à la clinique, mais on ne s'était pas dit un mot, il n'avait pas insisté, il comprenait cette douloureuse fuite dans le silence. Il m'avait embrassé et cette étreinte, à sa façon, m'avait réconforté. J'aurais pu lui signaler que, cette fois, c'était lui qui allait tourner le coin de la rue sans se retourner, mais je m'étais abstenu. J'avais bien fait.

Ça servirait à quoi, de se reprocher toujours des trucs ? Pas à se rapprocher, en tout cas.

Le pavillon avait appartenu à la tante de Frédo, mais depuis belle lurette, personne n'y habitait plus. La famille avait préféré les nouveaux immeubles, sans humidité ni moisi, ni risque d'inondation. Alors Antonin, de temps en temps, y amenait des jeunes du quartier ; une sorte de lieu de retrouvailles, pas une maison de la culture, non, mais un truc sympa, un endroit où ils pouvaient encore discuter et oublier les mauvais moments que le quartier généreusement leur offrait. Et puis, peu à peu, les jeunes du quartier en grandissant avaient préféré les bistrots, les clubs vidéos machins, marre des paroles, plus de mots, des faits qu'ils voulaient... Les réunions entre copains étaient devenues rares, le pavillon inexorablement s'était transformé, signe des temps révolus, en une vieille bicoque et la mairie avait plus d'une fois menacé d'exproprier les lieux, pour en faire un jardin public.

Ce fut là que je retrouvai Antonin qui, tout en me laissant les clefs, me demanda ce qu'il se passait. Là, que je lui racontai toute l'histoire, de Syracuse aux bords de la Marne, du soleil fascinant à la grisaille enchanteresse de mon enfance. Là, qu'il eut cette bonne réflexion, qui m'aurait fait plier en quatre de fou rire si j'avais pu ou su encore rire :

— P'tain mec ! T'es mal barré ! La mafiosité sur le dos, y a de quoi rester bossu toute la vie…

Vu mon visage renfrogné, il me rassura, j'étais dans un lieu sûr et, dans la mesure du possible, il m'aiderait.

Sauf que, à vrai dire, à cause de sa femme et ses trois gosses, il n'avait plus très envie de jouer les durs, surtout contre des tueurs de la mafia… Il essaierait tout de même de trouver dans le quartier quelques vieux copains prêts à tout, même à se battre pour mes beaux yeux… Ce n'était pas certain qu'il en trouve, enfin on verra, dit-il ; d'ici-là, il me donna de l'argent et, dans la soirée, il m'apporterait un flingue.

Je lui répondis que ce genre de solution n'était pas pour moi, que l'objet dont j'avais le plus besoin en ce moment, était son portable. Se mettre à jouer les guerriers de la nuit dans un pavillon qui aurait pu être une guinguette, là où, au maximum, on pouvait faire une partie de campagne, serait une situation assez cocasse, mais je ne pouvais pas accepter qu'il se mêle à tout cela avec ses potes, même des costauds prêts à tout ; il y avait eu assez de morts et la seule chose utile était de rester peinard bien au chaud chez lui, et moi ici, en attendant que ça se tasse. Quelque part, un bonhomme habillé en noir allait siffler le départ ou la fin du match, ou même de la messe, *ite missa est*, quelque chose dans ce genre, et tout le monde se lèverait et rentrerait chez soi. Un dernier spectacle, une ultime séance. Tout le monde serait satisfait, acteurs et spectateurs, et le rideau se baisserait lentement.

Il me regarda, estimant que je me faisais bien des idées ; dans ce genre de méli-mélo, les braves savent toujours que le mot fin, c'est du pipeau cinématographique ; la réalité, elle, est plutôt moche, du genre deux balles dans la peau ou deux couches de béton armé aux pieds.

Des trucs que je n'aimais pas... La violence, un truc à compisser, à détester, à tel point que je risquais de devenir violent, mais gentiment. Entre Sartre et Camus, c'était Camus que je choisissais ; entre Rousseau et Voltaire, le jardin de Candide ; entre les Beatles et les Stones, les Beatles ; pourtant, il fut une époque où je préférais les Stones, Sartre et Rousseau. Une question d'hormones, on s'adoucit, peut-être qu'en vieillissant, comme disait Brel, on devenait plus con, ou, comme suggéraient certains journalistes à la mode, plus réac. Néanmoins, fait évident, la colère était toujours là, prête à sourdre, à bondir avec l'indignation, le refus, le dégoût du compromis, mais le résultat final était différent. C'était l'heure du dialogue. On cherchait moins à casser la gueule à ce qu'on ne comprenait pas, on tentait de trouver, si petit fût-il, un terrain d'entente où construire quelque chose qui ne puât pas trop. Et c'était bien difficile, souvent impossible. Mais c'était l'âge qui le voulait.

Seulement, dans mon histoire, je ne me voyais pas cherchant à aplanir les différends en compagnie des tueurs de Camardo.

Enfin, tout en voulant rassurer Antonin et éviter qu'il coure des risques inutiles, j'essayais de me dire, qu'après tout, une bonne solution pouvait encore être possible...

Chapitre vingt-quatre

Cinq heures de l'après-midi.

Madame Chose avait accepté de me rencontrer. J'avais eu de la chance de la trouver car elle aussi revenait d'un voyage, une petite vacance à l'étranger, dans une île au nom exotique, pleine de musique ensoleillée et de sable fin. J'allais pouvoir enfin pleurer sur sa forte épaule de thérapeute. Bien qu'amoureux d'elle, dès la première rencontre — le transfert entre malade et médecin s'était accompli positivement — de temps en temps, j'éprouvais malgré tout une grande envie de la provoquer, de fissurer cette assurance qu'elle arborait. Ses yeux suffisamment souriants me pénétraient alors de part en part, elle acceptait ma mauvaise humeur et renonçait à chercher à tout prix un dialogue. Puis le barrage, comme ceux du Fréjus, du Vajont ou du Pacifique, s'effondra, se fracassa en mille morceaux, les eaux émotives à travers la brèche envahirent tout et, petit à petit, l'histoire de ma vie, mes déceptions, mes désillusions, mes faillites, lui appartinrent. Parfois, la tentation de l'embrasser… mais mon amour n'était resté qu'un objet de désir purement mental. Jusqu'à la lettre que je lui avais expédiée de Syracuse, avec un livre de poèmes en cadeau et les films à développer. Dans cette missive, je lui avouais un peu inconsciemment mon sentiment.

Elle ne m'avait pas répondu et d'ailleurs, je n'attendais aucune réponse. Selon mon idée, quand je rentrerais en France, elle m'attendrait nue sur le divan où je lui avais confié mes désarrois et, en m'ouvrant les bras, elle m'accueillerait, me choierait, protègerait, aimerait à jamais. Mais bien sûr, là aussi, c'était ma fantaisie badine qui me jouait des tours. En l'aimant, je risquais gros et même si, par un hasard miraculeux, elle accepterait de devenir ma maîtresse, notre amour serait voué au malheur. Une bonne thérapeute sait trop de choses. Je ne pouvais pas le tolérer. Je devenais mafieux, moi aussi, omerta avant tout. Elle arriva. Elégante et souriante, comme toujours. Tranquillisante, comme les médicaments qu'elle me prescrivait. Elle me tendit la main. Aurait-elle pu m'embrasser sur les deux joues, comme de vieux amis ? Non, surtout pas, la profession avant tout.

Une envie folle me vint de la culbuter là, illico, sur le vieux sofa du pavillon aux ressorts déglingués, elle et cette stabilité pérenne, l'équilibre d'une femme aux brillantes études, au père grand-bourgeois-humaniste montrant toujours la juste route, à l'enfance dans une mangeoire basse où il suffisait de tendre une main pour prendre tout et, immédiatement, *hic et nunc* — comme disaient certains moines rabelaisiens qui savaient le latin et jetaient leur froc aux orties pour courir le guilledou, enfin, tout le contraire de ce qui m'était arrivé.

Mais, dans la violence de ce verbe culbuter et de mes pensées de l'instant, ne jaillit que le côté galeux de la brebis, l'obscur, le revers, le caché qu'elle avait pourtant bien décelé, le Ça, bête immonde, le machiste in secula seculorum… Toutes les mauvaises fréquentations de l'esprit et du corps… oui, ce vieux lubrique du Ça, me dicta des scènes triviales où j'aurais été tel un étalon faunesque, un vieux bouc puant atteint de priapisme grotesque et cependant vainqueur de ce que je ressentais comme un affront, la morgue odieuse de sa tranquillité…

Heureusement, le démon laissa immédiatement sa place à l'ange et ce dernier invita l'objet de mes désirs les plus impurs, à s'asseoir sur une chaise tandis que je m'installais, seul, sur le vieux divan déglingué.

— Tu as l'air bien fatigué, Jean.

Ah ! Que ne me passes-tu la main dans les cheveux, relevant en arrière la mèche qui tombe sur mes oreilles, un tout petit geste anodin aussi simple, rien que pour me rassurer !

— Oui, j'ai quelques ennuis… Mais avez-vous apporté les films que je vous ai demandés ?

— Oui, je les ai fait même développer. Mais tu veux bien commencer par le commencement ? Je n'ai pas très bien compris ce que tu me bafouillais au téléphone et si j'ai accepté de te rencontrer ici, c'est parce la situation m'a paru assez anormale. Alors, s'il te plaît, explique-moi clairement de quoi il s'agit.

Et, de nouveau, je répétai toute mes mésaventures en sautant, je ne sais pourquoi, quelques chapitres, Laetitia en particulier.

Ma thérapeute perdait de son aplomb au fur et à mesure que j'avançais dans mon histoire, dans son joli tailleur bleu marine, elle semblait de plus en plus anéantie, tandis que moi, sans savourer cette petite victoire mesquine, au point où j'en étais, je n'avais qu'une hâte, mettre rapidement le mot fin à toute cette intrigue invraisemblable.

Nous fûmes brutalement interrompus par l'arrivée inattendue de deux personnages, assez différents l'un de l'autre, et qui entrèrent d'ailleurs l'un après l'autre, ne nous laissant guère le temps de nous reprendre de toutes ces émotions.

Nous fûmes donc d'abord trois ; madame Chose, de son prénom Adélaïde, sur sa chaise, éblouissante dans sa pâleur, quoique proche de la crise hystérique ; moi, le héros central de ce récit, vautré sur un divan inconfortable et peu mussettien, absolument inapte aux confidences ; et un troisième personnage qui se dressait, superbement hautain, devant nos regards hallucinés.

Belle, puisqu'il s'agissait d'une femme, d'ailleurs la femme la plus belle du monde, surtout de la vitre d'un train ralentissant à un passage à niveau, la magnifique, la sublime, la cruelle, la démoniaque créature infernale, la furie furieuse, la plus belle femme de ma vie : Agata !

— Oh ! Gentille Agathe, quelle surprise ! Etes-vous revenue me rapporter mon calepin et mon sac ?

J'étais tellement abasourdi par sa présence que ce fut tout ce que je trouvai à lui dire.

Madame Chose, sur sa chaise, devint de plus en plus minuscule et effrayée car, à la main, la tendre Agata tenait une arme.

Se retournant vers ma thérapeute, vers l'ancre de ma planche de salut, vers la seule qui savait me faire raisonner et chasser toutes les mauvaises pensées et les mauvais esprits, elle lui adressa ses mots :

— Finalement, vous êtes revenue de ce voyage ! Voilà plus d'une semaine que je vous attends !

Agata guettait donc madame Chose, qui ne devait sa sauvegarde qu'au simple fait d'être partie en vacances…

— Comment as-tu fait pour arriver jusque ici, comment as-tu compris ? m'exclamai-je.

— Mon cher Jean, au fond de ton petit sac à dos, j'ai fait de belles découvertes et j'ai puisé ce récépissé providentiel de lettre recommandée. L'adresse était inscrite dessus. J'ai tiré vite fait les sommes. Il ne me restait qu'à prendre le premier avion pour Paris. Mais cessons ce bavardage, vite les films…

Les photos, plutôt. Là, c'était vraiment fini, pour madame Chose et pour moi. Les photos ; même si je ne les avais pas vues, même si madame Chose n'avait fait qu'apercevoir des paysages méditerranéens. Alors quoi, lui faudrait-il tuer également l'employé du labo qui les avait développées ? Un massacre, une hécatombe… comment l'amadouer, cette Agata furieuse ?

Nous en étions donc là, à un pas du rush final, comme disent les Américains qui ont des tas de monosyllabes pour dire les choses d'une façon superficiellement efficace, il paraît que ça passe plus vite dans la communication. Communiquer maintenant avec cette folle déchaînée, les mots me manquaient…

Mais, heureusement, fit alors irruption le deuxième personnage… Un fantôme ! Au théâtre, on parle de coup et c'était l'un de ceux qui faisait mal quand on ouvrait les yeux. Mourir pour mourir d'accord, mais combien de fois encore devrais-je voir l'abjection humaine ?

En face de nous, à croire que tout le monde détenait l'adresse du pavillon d'Antonin, mon cher ami, mon ange gardien, Ruggero Ruggéri, l'homme blessé à mort d'après les dits de la tendre Rosalia ! Ah ! trahison éclair ! Vivant, et en bonne santé, lui aussi un revolver à la main, peut-être pour nous défendre de la divine furie ? Non point ! Madame Adélaïde Chose frémit, sanglotant lentement, car elle avait tout pigé, elle était très intelligente madame Chose. Elle, qui possédait tous les atouts nécessaires, se retrouvait désormais, là, effondrée sur sa chaise. Elle parut avoir vieilli d'un seul coup.

Et moi avec, quand je vis Ruggéri embrasser goulûment Agata.

Il fallait que je comprenne. Il fallait que l'on m'explique avant de disparaître à jamais, puisque tel était mon sort, il fallait qu'ils me racontent la vérité.

Ruggéri me regarda, un petit sourire ironique aux lèvres. Je n'avais même pas besoin de poser de questions, il était prêt à éclaircir tous mes doutes.

— Oui, dit-il, ce que j'ai fait, je l'ai fait par amour…

J'aperçus le rictus affreux d'Agata qui nous écoutait, couvant d'un regard extasié le policier. Je me souvins de ce vers, *Je sèche tous les pleurs sur mes seins triomphants*, et je ne pus m'empêcher de penser qu'Agata ressemblait comme deux gouttes d'eau au vampire de Baudelaire. Métamorphoses. Tout change.

— Une vie de flic, sans argent, sans rien, un mariage à la con, une vie inutile. Et puis… la passion. Je l'ai rencontrée à une soirée, je savais qu'elle était la nièce de Camardo Camardi, grand patriarche du clan des Camardi, mais elle a su me séduire et me faire croire que toutes ces choses-là ne la concernaient pas vraiment. Elle avait d'autres intérêts derrière la tête qui me plaisaient assez…

Le flic se mit à table. Moi, je n'avais pas beaucoup d'appétit en cet instant. Les confessions d'un vendu… J'eus envie de l'interrompre, de l'injurier. Mais la curiosité qui me tenaillait l'emporta sous l'emprise du récit qu'il me débitait rapidement, comme si j'avais été son confesseur ou son thérapeute. Peut-être les deux ? Au fond, j'allais mourir, le reste importait peu, il se taillait le beau rôle devant un parterre enthousiaste. Applaudissements de madame Chose ébahie qui n'en pouvait plus. Sifflets intérieurs de Jean Nuiyé, deuxième condamné à mort. Allez saligaud ! continue à dégueuler toute ta noirceur sur le tapis élimé de cette pièce qui sentait de plus en plus le moisi…

— Je savais qu'elle avait été la maîtresse de Bou Giardo. Le député de droite, impliqué dans plusieurs scandales, lié au clan mafieux des Camardi. Je savais qu'elle avait été mariée au frère de celui-ci, le professeur…

— Et Laetitia ? demandai-je.

Regard surpris de madame Chose qui entendait ce nom pour la première fois. *Laetitia et gaudio*, disaient les Latins quand ils étaient de bonne humeur. Ce n'était pas le cas d'Adelaïde Chose qui, de toute façon, n'avait retenu du latin que ce proverbe : *homo homini lupus*. L'homme est un loup pour l'autre homme.

J'approuvais.

Agata répondit à ma question, interrompant ainsi le flot verbal sans vergogne de son amant :

— La petite conne ? Elle avait eu une relation avec mon ex-mari et croyait que cela me faisait de la peine ! Elle m'avait avoué que tout était fini, qu'il fallait la pardonner… des foutaises de gamine, je me moquais bien de mon mari ! C'était mon beau-frère qui m'intéressait et pour d'autres raisons…

— Oui, reprit Ruggéri, pour des raisons d'opportunisme ! Le député devait présenter une loi au parlement pouvant sauver le vieux Camardo Camardi arrêté et condamné à perpétuité ; en plus, Bou Giardo est un intime du ministre… C'est justement cette petite réunion de famille, ministre, député, représentants de la famille Camardi, que tu as immortalisée à Syracuse ! Quelqu'un s'est aperçu que tu photographiais et ils ont décidé de t'éliminer. Agata a eu la bonne idée de m'en parler et nous avons jugé qu'avec ces clichés, nous pourrions faire chanter le ministre qui, comme tout le monde sait, conserve beaucoup d'argent dans les banques suisses. D'où la nécessité, tout d'abord, de se débarrasser des tueurs envoyés par un des Camardi présents à la réunion de Syracuse…

— Pour du fric ! Simplement pour du fric, rien que pour cela… quelle déception, Ruggéri ! Un flic vendu, un flic… que dis-je ? Deux, n'est-ce pas… l'inspectrice Barocco aussi est dans le coup…

— Mais non, répliqua Ruggéri, à peine vexé par mon injure. Rosalia ne sait rien, nous avons mis en scène l'histoire du guet-apens pour que tu révèles où était ce film… Agata était à Paris sur une simple conjecture, une possibilité éventuelle suggérée par le reçu recommandé, cette madame Chose, à qui nous avions également pensé, Barocco et moi… En fait, c'était exactement ça… Mais il fallait une confirmation et cette adorable conne de Rosalia est tombée dans le panneau !

Un bref silence, les deux amants se fixèrent une petite fraction de seconde, puis Ruggéri ajouta :

— Voilà, tu sais tout et madame aussi. Nous aimerions maintenant avoir ces pellicules.

Adélaïde Chose fouilla dans son sac et sortit une enveloppe bigarrée. Le monde en couleurs, disait la pub, quel bonheur !

Ils se penchèrent avidement sur les photos, la pochette en contenait un certain nombre : tous mes souvenirs, tous les coins pittoresques de Syracuse…

Trop absorbés, ils n'entendirent pas les bruits de pas dans

le couloir de l'entrée. Ils étaient trop sûrs d'eux, ils avaient la situation en main. Moi non plus, en vérité, je n'entendis rien, ni madame Chose, trop abattue par les événements...

Mais, quand Rosalia Barocco et trois autres personnes, dont Antonin, firent leur entrée les armes au poing, c'était comme si j'avais entendu, ou plutôt attendu ce moment-là depuis des siècles. Malencontreusement, ce qui suivit devrait être relégué dans les annales des cafouillages que la violence inexorablement entraîne avec elle. Les balles cavalent et ne raisonnent pas.

Madame Chose fut touchée au bras ; Antonin à la jambe ; Rosalia à la main ; Sarah, sa collègue de Lyon, s'en sortit avec quelques égratignures ; mais Simon, l'autre policier, fut mortellement atteint. Les renforts, heureusement, ne tardèrent pas à arriver. Ruggéri gisait à terre dans son sang.

Pour ma part, apparemment indemne, je pleurais mais sans pleurer vraiment, sans larmes, intérieurement, agenouillé sur le parquet comme un martyr prêt au rituel du sacrifice.

Quant à Agata, qui avait pu s'échapper, on retrouva son cadavre plusieurs jours plus tard, à l'écluse d'Alfort, son beau visage bouffé par les poissons. Blessée, elle avait dû perdre connaissance et tomber à l'eau.

Ou bien, peut-être, un Camardo de passage avait pensé que tout cela à la fin suffisait, trop de bruit pour rien. D'autant plus que les négatifs, oubliés dans l'appartement de madame Chose, avaient disparu...

Pour rien.

Car on eut beau fouiller, examiner attentivement, observer minutieusement. La seule photo, laissant supposer que ce fût celle que l'on avait cherchée aussi désespérément, à cause des ombres humaines qui se dessinaient à peine sur un côté, montrait trois oliviers splendides, aux troncs majestueux, que j'avais photographiés pour m'avoir inspiré, à ce moment-là, la paix et la tranquillité. Et cette vision des trois arbres m'avait redonné goût à la vie, malgré ma solitude et ma mélancolie de touriste déprimé et égaré.

Trois oliviers.

Chapitre vingt-six

Un treno arriva. Un treno parte.
E. VITTORINI

C'est une nuit chaude, capiteuse, méditerranéenne. Une petite musique au fond de la tête, du Mozart probablement.

C'est un train.

Un train qui va tellement vite que l'on n'a pas le temps de dessiner dans la mémoire les arbres et les maisons entrevus.

C'est un paysage de passage.

Le contrôleur vient de passer, j'ai souri aux histoires de mon passé. Un père, ça ne peut pas s'inventer ou, tout du moins, ce jeu-là ne peut durer qu'un moment, celui de l'enfance, après, il faut se résoudre à faire sans. Tant mieux, disait Sartre, un con en moins. C'est possible. Au moins un grand-père, alors… Non, rien.

Finalement, on s'habitue plus facilement à l'absence qu'on ne le prévoyait, sans s'en rendre compte vraiment.

Marie, Frédo, maman et même mon chien Max, qui semblaient ne jamais plus me quitter, m'avaient un jour abandonné. J'étais tombé malade, croyant que leur mort dépendait de mon amour, c'est fou ce que la tête peut te faire accepter comme conneries.

Je croyais ne pas pouvoir vivre sans eux, mais je m'y suis habitué, peu à peu, un jour après l'autre, sans m'apercevoir que les années étaient passées.

Un matin, je me suis réveillé et je me suis rendu compte que ce n'était pas eux que j'évoquais, ces morts, ces fantômes, ces visages souriants, leur mélancolique absence, les mots échangés, les gestes encore douloureux.

Non, ce matin-là, il n'y avait plus rien, il ne restait qu'une sorte de nuage gris au fond de l'horizon.

C'est après le café que j'ai réalisé, ma première pensée avait été pour quelqu'un d'autre. Un être bien vivant.

Une femme.

Et je n'ai songé qu'à elle, jusqu'au moment où, ayant bu mon café noir, j'ai perçu un léger pincement au cœur.

Comme celui ressenti dans un magasin, lorsqu'on vous surveille de peur que vous ne voliez quelque chose. Les regards insistants du vendeur vous dérangent et, sans être coupable de quoi que ce soit, vous quittez immédiatement les lieux. Une sensation désagréable ou, plutôt, un mauvais rêve qui n'a duré que quelques secondes.

J'ai repris du café et le visage de la jeune femme est réapparu.

L'une des raisons pour lesquelles je suis en ce moment confortablement installé, le nez contre la vitre, dans cette nuit de printemps qui s'écoule au gré du train...

Ce jour-là, le jour du pincement au cœur, j'ai compris que ressasser ces visages tourmentés ne faisait qu'empirer ma vie. Juste une petite réflexion de rien du tout, mais il fallait y parvenir. Trouver du courage pour la formuler.

Madame Adélaïde Chose, ma psy, y est pour quelque chose, bien sûr, puisqu'elle m'a conduit sans faillir vers cette petite phrase de rien du tout, sauf qu'elle, elle a employé plusieurs mois.

Toute cette histoire de tueurs et de photos, aurait pu me dégoûter des voyages.

Et, en effet, j'ai passé tout l'hiver bien au chaud, chez moi. J'ai changé d'appartement, vivre dans le taudis laissé par ma mère ne me portait pas bonheur. C'était une maison qui sentait le malheur, comme disaient les écrivains réalistes d'antan. Autrefois, jadis, naguère, avaient été bien catalogués dans des fichiers, pour une mémoire à essorer après l'avoir lavée au blanc plus blanc que celui du fleuve Léthé. On oublie.

Oublions, sans effacer complètement, mais oublions.

Laissez-moi un peu de souffle encore pour une autre vie. Je suis un chat, je feule, je griffe, je saute sur l'occasion. A l'occasion, je ronronne. J'ai plus d'une vie. Vieux raminagrobis qui écrit comme un chat et, pour cela, j'ai également renoncé à l'écriture, juste le temps de mettre sur papier ce petit témoignage, l'expérience décisive de ces derniers temps ; toujours sur les conseils de madame Chose.

Mais auparavant, j'ai trouvé du travail, oh ! rien d'enthousiasmant, ça m'a permis de vivre, de refaire des économies et de préparer ce nouveau voyage vers le sud. On revient toujours au sud, au *mare nostrum*, notre petit retour nostalgique. C'est de là que tout est parti. Tout du moins, l'histoire de la pensée.

Ne plus écrire, ne plus penser, pour l'instant. Terminer ceci et l'envoyer à madame Chose, en espérant qu'aucune mafieuse endiablée ou qu'aucun flic véreux ne veuille y mettre le grappin dessus. Juste quelques lignes de plaintes et de complaintes, le temps de passer d'une pièce à l'autre d'un appartement, en traversant un long corridor. Et puis c'est tout ; au bout, la porte, le jardin. La lumière.

A part Antonin et madame Chose, je n'ai revu presque personne. Antonin s'est remis de sa blessure, on est sorti souvent ensemble, on s'est promis de ne plus se perdre de vue. Madame Chose, je ne l'ai rencontrée que deux fois ; dans son cabinet, un rendez-vous professionnel, et un dîner qui s'était bien passé, car j'avais mis au lavage avec mon linge sale toutes mes prétentions amoureuses, mes calembredaines sexuelles... Après, on s'est téléphoné quelquefois ; enfin, surtout moi, le soir, particulièrement au crépuscule, c'est toujours le moment le plus dur...

Il ne me reste plus grand-chose à dire, si ce n'est que je pars vers le sud retrouver une femme. De quelle femme s'agit-il ? ma discrétion m'empêche de tout raconter. Mon cœur a eu bien du mal ces derniers temps, alors je l'avais remis dans son écrin doré, en attente de.

L'hiver a passé, bien lentement, mais cette longue traversée a été nécessaire à mon organe favori pour se remettre en marche, bien comme il faut.

Il ne me restait plus qu'à adresser à la gentille demoiselle une lettre, pour exprimer tout ce sentiment imprécis, indécis, confus, hésitant qui, peu à peu, se formait au fur et à mesure que les dernières feuilles tombaient des branches. Avec les premiers rayons du soleil et les bourgeons, je me suis décidé à trouver les mots justes. Rien n'est gagné d'avance. Ce voyage a pour but d'éclaircir ces doutes. Après, on verra.

J'ai également écrit à Laetitia pour m'excuser de ma fuite soudaine, elle ne m'a jamais répondu, elle avait sûrement quelque chose de plus utile à faire. J'ai souvent regretté ce malentendu que le hasard avait glissé dans notre rencontre mais, vu la différence d'âge, notre histoire n'aurait pas eu de suite.

Quant à Rosalia Barocco, elle m'a finalement avoué, lors d'une soirée en compagnie d'autres personnes, qu'elle me trouvait assez sympathique mais que, physiquement, je n'étais pas du tout son genre.

Mes amours passées. Des étoiles qui brillent, elles aussi, comme le reste. Comme tous mes souvenirs.

Les femmes que j'ai aimées ou cru aimer, ne m'ont pas laissé que des bleus. Elles m'ont redonné indirectement le goût de vivre. Quand on aime, après tout, il y a une bonne raison pour supporter tout cela.

La femme que j'ai choisie, qui m'a choisi, que le destin a placée sur mon chemin cahotant, est une femme très douce. La douceur, on en a toujours besoin, il n' y en a jamais assez au supermarché de la vie. C'est comme si l'on était obligé de faire la queue, comme dans certains pays, pendant ou après la guerre, pour en avoir l'émotion de quelques grammes.

La femme que j'aime, a deux yeux, deux bras, deux jambes deux seins, deux lèvres. Un corps comme tout le monde. Une tête bien à elle. Chez elle, il fait suffisamment chaud pour y passer les prochains hivers.

Pour l'instant, nous nous retrouvons au soleil, sous ce soleil méditerranéen dont la lumière est si éclatante qu'on est obligé de fermer un peu les yeux.

Fermer les yeux et s'embrasser. Il y a dans cet acte si particulier la magie de tout un univers qu'il est agréable de visiter.

Assis dans mon train, alors que je termine de taper ce que j'avais commencé ailleurs, pour faire une dernière fois plaisir à madame Chose, je savoure le moment où, sur le quai de la gare, parmi la foule, je reconnaîtrai son parfum.

C'est, entre les lignes, le chapitre que je n'ai pas encore écrit.

C'est aussi le plus secret.

Pour conclure, je m'en vais paraphraser deux grands messieurs des lettres françaises : Nando et Paulo sont sur un bateau, leurs deux livres tombent à l'eau. Qu'est-ce qu'il reste ? les fleurs en voyage… Et nous ne parlerons plus de tout cela. Disons que je n'ai rien dit, après tout.

A moi maintenant.

A vous de.

Cherchez la femme.

Dans la même collection

Un assassin peut en cacher un autre (Olivier Micha)

Des souris et des trains (WôoManh & Jacky Pop)

Train perdu wagon mort (Jean-Bernard Pouy)

DIFFUSION DISTRIBUTION ÉDILARGE

Impression réalisée sur CAMERON par

BUSSIÈRE CAMEDAN IMPRIMERIES

GROUPE CPI

à Saint-Amand-Montrond (Cher)
en avril 2003

Dépôt légal : avril 2003.
Numéro d'impression : 031914/1.

Imprimé en France